張小喬◆編著

168股市精解

匯智出版

□ 責任編輯：羅國洪

□ 封面設計：洪清淇

168 股市精解

作者：張小喬

出　　版：匯智出版有限公司
九龍尖沙咀赫德道 2A 首邦行 8 樓 803 室
電話：2390 0605　傳真：2142 3161
網址：http://www.ip.com.hk

發　　行：香港聯合書刊物流有限公司
香港新界大埔汀麗路 36 號中華商務印刷大廈 3 字樓
電話：2150 2100　傳真：2407 3062

印　　刷：陽光印刷製本廠

版　　次：2013 年 6 月第 22 版

國際書號：962-85412-3-4
978-962-85412-3-2

序　一

"書不在深，有用則靈"，讀到張小喬君新著草稿，不期然便想出這句評語來。這本小書勝在夠實用，作者簡單清楚地羅列、解釋了我們經常碰到的股市、金融、經濟用語；不但切合投資者的需要，也有助一般讀者增長財經知識。

筆者從事財經傳播十多年，慣常被問及如何學投資，老實說亦無甚麼獨得之秘，只能建議大家先學行，再學走，也即是中國人一句老話，千里之行，始於足下。

甚麼每股盈利、市盈率、負債比率之類，說到底並不艱深，但若不好好掌握這些概念，便無從進一步理解變化多端、看似升跌無常的股票市場。投資理論，要多深奧有多深奧，學一世也學不完，但股民要取得理想的回報，並不需要成為全職的專家，況且對多數人來說，這也是絕無可能的。

經濟轉型，小市民想掙取財富，保本增值，要學的東西愈來愈多。業餘投資者，最關要緊的仍是本身的正職，學投資唯有善用餘暇，要從基礎學起，本書會是十分合用，案頭常備一本，亦可隨時參考，溫故以知新。從事投資，可說是終身的事業，要不斷地進步，便真的要準備活到老，學到老。

逆境當前，更需要的是積極進取的精神，"沉舟側畔千帆過，病樹前頭萬木春"，唐詩人劉禹錫的名句頗值得細味。說起來，文首的兩句話，也脫胎自劉氏另一千古名文〈陋室銘〉。文章很短，但十分有意思，顯出悠然豁達的情懷，考慮到如今年輕一輩較少機會讀到，且不避做文抄公之嫌，錄之以饗大家：

> 山不在高，有仙則名，水不在深，有龍則靈。斯是陋室，惟吾德馨。苔痕上階綠，草色入簾青。談笑有鴻儒，往來無白丁。可以調素琴，閱金經。無絲竹之亂耳，無案牘之

勞形。南陽諸葛廬，西蜀子雲亭。孔子曰：“何陋之有？”

石鏡泉

《香港經濟日報》
副社長及研究部主管

序　二

做股民難，做股評家更是難上難。由九九年初起，筆者在《香港經濟日報》每周五天寫專欄，不時宣揚炒股艱難論，苦口婆心勸讀者買股要小心，股市輸快錢易，搵快錢難。

該欄同時再三強調，玩股首重策略，入市前千萬諗清楚，無論是預測市況、揀股，何時入市、出市，甚麼情況下止賺、止蝕，最忌"心血來潮"倉卒從事。

可惜股市版讀者看專欄是想尋求貼士買股，勸人入市時三思，可算"一肚皮不合時宜"。筆者抱持一個信念，即靠專欄指路者，十居其九屬初哥，一不小心，便易成大戶點心。

記得筆者當年初入股場，胡亂聽消息，跟風炒莊家股，往往一次輸掉一、兩個月人工，連番慘敗才懂得痛定思痛，開始檢討失敗的原因。除向前輩請益，潛心研究股價走勢之外，更重要的是勤讀財經書刊，幾經辛苦才退出"股場常敗軍"的行列。

今時今日的初哥，比起昔日的施有福，實在幸福得太多啦！近年坊間的投資理財、金融經濟書籍，不論數量和質量都遠勝當年。大家捧讀在手的這本《168股市精解》，於如今適合投資者參考的股（市）經（濟）語彙，蒐羅遍備，解説也繁簡適中。從圖表到基本分析，從公司財務會計概念到經濟數據，股民所需，可説是應有盡有了。

本書是張小喬君的第一又三分一部著作，對上三分一部是與麥萃才和林瑞芬合著的《股市全攻略》。《股市全攻略》一書，勝在落足心機，資料齊備，對投資者來説夠實用，與這部新著一併參閱，應該説是相得益彰。

施有福

《香港經濟日報》投資版
"雲遊股太空"專欄作者

目錄

基本因素

公司動態

技術分析

測市方法

市場術語

金融機構

香港联合交易所
The Stock Exchange of Hong Kong
聯交所資訊
搜尋
聯絡
詞彙
最新資料
網址地圖
網址熱點
常問問題
ENGLISH
聯交所資料
規例
會員
服務
新聞及資料庫
配合公元2000年計劃
招聘欄
網上聯繫
市場資訊
市場訊息
現貨市場
股票期權市場

港交所

Hong Kong Exchanges and Clearing Limited (HKEx)

港交所是香港交易所的簡稱，英文全名為"Hong Kong Exchanges and Clearing Limited"，英文縮寫為HKEx。(港交所網址：http://www.hkex.com.hk)

根據改革方案，香港聯合交易所有限公司（聯交所）與香港期貨交易所有限公司（期交所）實行股份化並與香港中央結算有限公司（香港結算）合併，由單一控股公司香港交易所擁有。三家公司於2000年3月6日完成合併，香港交易所於2000年6月27日以介紹形式在聯交所上市。

根據港交所資料顯示，香港的證券交易最早見於19世紀中葉。然而，要到1891年香港經紀協會成立時，香港始有正式的證券交易市場。該會於1914年易名為香港經紀商會。香港第二間交易所——香港股份商會於1921年註冊成立。兩所於1947年合併成為香港證券交易所，並合力重建二次大戰後的香港股市。

聯交所在1986年4月開業，成為法定的股票交易機構。它的前身，是由四間股票交易所合併而成，包括遠東交易所、香港證券交易所、九龍證券交易所及金銀證券交易所。到2000年3月合併完成前，共有570家會員公司。

港交所擁有及經營香港唯一的股票交易所與期貨交易所，以及其有關的結算所，亦是香港證券及衍生產品中央市場的營運者兼前線監管機構。因此，港交所須與證券及期貨事務監察委員會(證監會)緊密配合，以監管上市發行人；執行上市、交易及結算的規則；以及在機構層面向交易所和結算所的客戶——包括發行人、投資銀行(或保薦人)、證券及衍生產品經紀、託管銀行、資訊供應商等直接服務投資者的中介機構——提供服務。唯一例外是「投資者戶口服務」，這項服務主要是提供予散戶及機構投資者的託管服務。

期交所

Hong Kong Futures Exchange Limited, HKFE

香港期貨交易所，簡稱期交所，是一所香港政府認可的期貨交易所，主要是提供一個適當的交易場所及監管架構，給期貨及期權交易之用。根據改革方案，聯交所與期交所實行股份化並與香港結算合併，由單一控股公司港交所擁有，而三家公司於2000年3月6日完成合併。

期交所成立於1976年，初期主要是商品期貨的交易，包括期棉、期糖、期豆及1980年推出的期金等。不過，自四會合一，聯交所成立，1986年5月期交所開始推出恆指期貨合約，此後成為了期交所主要買賣產品。截至1996年，恆指期貨合約買賣超過4,700萬張，成為亞洲區最活躍的指數期貨之一。港交所及其附屬公司香港期貨結算有限公司及香港聯合交易所期權結算所有限公司實施一套嚴謹的風險管理制度，讓交易所參與者及其客戶能在一個高流通量和監管完善的市場，進行投資和對沖活動。

除了恆指期貨外，1993年期交所又推出了恆指期權，而恆指期權很快獲投資者受落，成為亞洲區（除日本外）最受歡迎的指數期權之一。根據港交所2006年第三季的季度業績報告顯示，截至2006年9月30日止的九個月，期交所的衍生產品合約平均每日成交量達96,926張，較前一年同期增長46%；而聯交所的股票期權合約平均每日成交量達64,608張，較前一年同期增長92%。

期交所的主要業務，是有關衍生工具的。期交所提供一個高效率且多元化的市場，讓投資者可透過逾130家交易所參與者（許多為國際金融機構的聯繫機構）買賣期貨及期權合約。衍生工具最常見的種類，就是期貨及期權。期交所除了發展證券市場的衍生工具，還發展其他市場的衍生工具，例如日轉期匯（一種由外幣匯率所衍生出來的產品）、利率期貨（以香港三個月銀行同業拆息所衍生出來的期貨產品）等，給予投資者一個對沖風險的機會。

證監會

Securities and Futures Commission, SFC

證監會全名是證券及期貨事務監察委員會，是一個獨立於政府的法定組織，成立目的是為了通過有效的監管和指引，促進香港證券及期貨市場朝向公平、高效率及有秩序的方向發展。

證監會的成立，很大程度是由於1987年的股災。1987年的股災，香港無論股票市場還是期貨市場，均暴露出本身的弱點，由此促使政府委任證券業檢討委員會。委員會在戴維森的領導下，發表了戴維森報告，對香港的證券及期貨業作出檢討。根據報告的建議，香港政府便成立了證監會，以監察證券及期貨的業務。（證監會網址：http://www.sfc.hk）

證監會是根據《證券及期貨事務監察委員會條例》(《證監會條例》）成立的獨立法定組織。《證監會條例》及另外九條涉及證券期貨的條例已合併成為《證券及期貨條例》。該條例自2003年4月1日起生效。證監會負責執行監管香港證券期貨市場的法例，同時亦有責任促進及協助這些市場的發展。根據《證券及期貨條例》，法定規管目標是：證監會的主要工作，包括：維持和促進證券期貨業的公平性、效率、競爭力、透明度及秩序；提高公眾對證券期貨業的運作及功能的了解；向投資於或持有金融產品的公眾提供保障；盡量減少在證券期貨業內的犯罪行為及失當行為；減低在證券期貨業內的系統風險；及採取與證券期貨業有關的適當步驟，以協助財政司司長維持香港在金融方面的穩定性。

證監會的監管對象，包括從事以下受規管活動的持牌法團及個人：證券交易、期貨合約交易、槓桿式外匯交易、就證券提供意見、就期貨合約提供意見、就機構融資提供意見、提供自動化交易服務、提供證券保證金融資、提供資產管理；向公眾發售的投資產品；上市公司；港交所；認可股份登記機構；投資者賠償有限公司；交易活動的所有參與者。

金管局

Hong Kong Monetary Authority

金管局，全名是香港金融管理局，其主要職責及目標如下：

(1) 在聯繫匯率制度的架構內，通過穩健的外匯基金管理、貨幣政策的操作及其他適當的措施，維持貨幣穩定。

(2) 通過規管銀行業務和接受存款業務，以及監管認可機構，促進銀行體系安全和穩定。

(3) 促進金融體系的效率、健全性及發展，尤其是支付和結算的安排。

對外方面，金管局將積極加強與國際金融界的聯繫，藉此增進對國際經濟及金融新趨勢的認識，汲取中央銀行與多邊組織的專門技術知識，以及促進國際對香港金融和銀行事務的了解。

金管局最為人認識的職責，是協助維持聯繫匯率於 1 美元兑 7.8 港元的水平。其次，它又負責管理土地基金；截至 1997 年 12 月底，金管局連同土地基金的外幣資產為 928 億美元，外匯儲備金額在當時位列世界第三位。另外，金管局又負責安排由香港按揭證券公司發行的港元債券；發行港元債券除讓按揭證券公司以

香港金融管理局網頁，網址：http://www.info.gov.hk/hkma/cindex.htm

較低成本借取本地資金外，更令銀行界減少按揭貸款的風險，有助維持較佳的財政狀況。

從上述的角色及職責，可知金管局的設立，有助穩定貨幣匯率，改善金融及銀行體系。

信貸評級機構

Credit Rating Institution

信貸評級機構的主要業務，是替一些上市公司、政府機構，以至國家，作出信貸評級，並將借款人分成高低不同的級別。較為人熟悉的信貸評級機構，有標準普爾 (Standard & Poor's) 及穆迪 (Moody's)。

各信貸評級機構的評級準則不一，評估方法亦有異。一般而言，信貸評級機構是根據有關公司的借款及還款往績紀錄、業務、發展中項目等資料，去審查及評估其信貸評級。

一間公司要發債借貸，若其還款能力低，貸款人便需有更高的回報，才願意借錢給這間公司。因此，信貸評級愈低，公司的貸款成本便愈重；相反，信貸評級愈高，公司的貸款成本則愈輕。

短期／商業票據的信貸評級

標準普爾		要求條件和資格	穆迪
A	A1	• 對投資者有極佳保障 • 還款能力卓越 • 有足夠流動資金	Prime 1
A	A2	• 還款能力強 • 變化較大	Prime 2
A	A3	• 還款能力令人滿意 • 容易受行業變化影響 • 仍具足夠條件對抗未來可能變壞的情況	Prime 3
B		• 足夠還款能力 • 受制於未來可能變壞的情況	Not Prime
C		• 還款能力成疑	Not Prime
D		• 已經或預料到期時拖欠債務	Not Prime

債券的信貸評級

標準普爾	要求條件和資格	穆迪
AAA	• 最高質素 • 投資風險最低	Aaa
AA	• 高質素	Aa
A	• 還款能力強 • 中上級別	A
BBB	• 還款能力足夠 • 中級	Baa
BB B	• 具投機性	Ba B
CCC CC	• 情況不易得到肯定保證 • 容易受不明朗因素影響 • 具重大風險	Caa Ca
C	• 沒有還息 • 最低級別 • 情況極度不妙	C
D	• 違約 • 拖欠還款	

註：1. 標準普爾每級下再分"＋"和"－"，例如 AAA 分 AAA ＋和 AAA －。
2. 穆迪由 Aaa 至 B 各級下再分"1""2""3"，例如 Aaa 分 Aaa1 、 Aaa2 和 Aaa3 。

投資工具

股市指數

Stock Index

香港現在上市的公司超過一千間，每日各公司的股價都有上有落，若要了解大市的升跌，便要看股市指數。香港最流行的指數可說是恆生指數，其他指數還有恆生香港中資企業指數、恆生中國金融指數、恆生中國企業指數、所有普通股指數、摩根士丹利香港指數等。不同指數代表了不同種類股份的股價表現。

以恆生指數為例，截至2007年12月，這個指數包含了43隻成分股，而其成分股佔香港股市的總市值逾七成。所以，恆生指數的升跌，基本反映了市場走勢。

恆生指數是一個市值加權平均指數，而美國道瓊斯指數則是股價平均指數。市值加權平均指數與股價平均指數又有何分別？以道瓊斯指數為例，成分股共有30隻。計算道瓊斯指數，是首先訂出一個基點日，將30隻成分股的基點日股價加起來；然後，再把成分股現在股價加起來除以基點日的股價總和，就可得出指數。這種平均股價指數的方法好處在於簡單，易計易明，但卻忽略了公司規模及市值的影響。恆生指數所採用的是市值加權平均法，在計算成分股股價總和之時，先乘以股份佔恆生指數總市值的百分比，再計算出指數；所以，市值較大的股份如匯豐(0005)及中國移動(0941)等，它們股價的升跌便對指數有較大的影響，但指數卻更能反映市場實況。

恒生指數

Hang Seng Index

恒生指數，又稱“恒指”，在2006年以前，是根據33隻成分股(即藍籌股)市值計算出來的，該等成分股涵蓋了香港股市市值七成以上。由於其涵蓋範圍大，該等成分股的升跌便對其餘股票的走勢也有極大影響，故此市場慣以恒生指數去預測整體大市的走勢。在2006年9月11日，恒指服務有限公司將恒生指數的成分股數目增加至34隻，直至2007年12月，恒指成分股數目已增加至43隻；而恒指服務有限公司日後將逐漸增加恒指成分股數量，至最多50隻。

恒生指數始創於1969年11月24日，由恒指服務有限公司編製、修改及發佈。恒生指數是以1964年7月31日為基準日，並把該日指數訂為100點。恒生指數的點數變動，是採用市值加權平均法計算，計算方法如下：

$$\text{恒生指數} = \frac{\text{當日成分股總市值}}{\text{基準日成分股總市值}} \times 100$$

為清楚各行業股份的走勢，恒指服務有限公司於1985年1月2日，在恒生指數之下，分出四個分類指數，包括：金融分類指數(Hang Seng Finance Index)、公用分類指數(Hang Seng Utilities Index)、地產分類指數(Hang Seng Property Index)、工商分類指數(Hang Seng Commercial/Industrial Index)，計算方法及公式與恒生指數相若。

恒生指數既以成分股市值評估大市走勢，所以個別市值較大的股份對恒生指數的走勢自有舉足輕重的影響。以匯豐銀行(0005)為例，投資者即使並非持有該股，亦會經常留意匯豐的走勢，原因是匯豐為市值最大的藍籌股，其走勢對港股表現實有很大的影響，故很多投資者都把匯豐稱為“大笨象”或“火車頭”。

能夠成為恒生指數成分股，該股在個別行業通常都有相當地位或代表性，而其盈利質素亦較為穩定。因此，恒生指數成分股較易得到基金或機構投資者青睞。同時，基金或機構投資者在買賣期指時，亦往往會藉着增持或減持手上的恒生指數成分股，以進行對沖風險或套戥。

另外，如有個別成分股可能被換出，在此之前，有機會晉身為成分股的股份往往備受投資者追捧；相反，可能被替換的成分股或會被投資者逐步沽出，而其股價走勢亦會相對偏軟。

恒指革命性改變，是在2006年開始，加入國企股票，成為恒指成分股。由於愈來愈多優質國企來港上市，以及多隻國企股票持續改革及重組，令具代表性的國企股票得以加入成為恒指成分股。首隻加入恒指成分股的國企股為建設銀行（0939），自從建設銀行在2006年9月11日成為恒指成分股後，中石化（0386）及中國銀行（3988）在2006年12月4日也成為恒指成分股。緊隨其後，工商銀行（1398）及中國人壽（2628）在2007年3月12日亦成為恒指成分股。

挑選準則

在2007年2月9日，恒指服務有限公司宣佈恒生指數的成分股數目將逐漸增加至最多50隻，以令恒生指數能包括市場中市值大及成交量高的公司為成分股，以及繼續成為最具代表性的市場指標，並同時作為指數衍生產品的基準指數。而每一新季度檢討，成分股變動將參考以下準則：

(1) 符合所有選股準則，並且與成分股中市值最小的成分股比較時，市值明顯較大的公司，將被考慮納入指數。

(2) 市值較小及流通量和成交量較低的成分股將被考慮從指數中剔除。

(3) 當成分股數目達到50隻後，納入恒生指數的成分股數目與被剔除的成分股數目將會相同，令成分股數目固定在50隻。

(4) 恒生指數中H股與非H股的數目將不會被固定於特定水平。然而，在決定成分股變動時，將會考慮不同類型公司在恒生指數中是否平衡及能否反映市場整體結構。

上市少於24個月的大型股獲納入恒生指數之指引

新上市的大型股獲納入為恒生指數成分股候選名單須符合以下所列的市值排名及最少達到相關的上市時間：

在檢討指數時大型股平均市值排名	最少上市時間
5或以上	3個月
6至15	6個月
16至20	12個月
21至25	18個月
25以下	24個月

選取範疇

成分股以在聯交所主板作第一上市的公司為選取目標。以H股形式於香港上市的中國企業如符合以下其中一種情況，將有資格獲考慮納入恒生指數。

(1) 該H股公司的股本以全H股形式於香港聯合交易所上市；

(2) 該H股公司已完成整個股權分置改革，且沒有非上市股本；或

(3) 新上市的H股公司沒有非上市股本。

~~~~~~~~~~~~~~~~

恒指服務有限公司網址：http://www.hsi.com.hk/index.html
~~~~~~~~~~~~~~~~

恒生中國金融指數

Hang Seng China H-Financials Index

由於愈來愈多中國金融公司在香港上市，以及因應市場對設立量度這些公司表現指標的需求，恒指服務有限公司於2006年11月27日開始，計算及發放恒生中國H股金融行業指數（簡稱H股金融指數）。

H股金融指數在推出時共有八隻成分股，包括建設銀行（0939）、工商銀行（1398）、交通銀行（3328）、招商銀行（3968）、中國銀行（3988）、中國人壽（2628）、中國平安保險（2318）及中國財險（2328），亦即是投資者泛稱為「五行三保」的股票，H股金融指數成分股檢討與恒生中國企業指數（簡稱H股指數）一併進行，每半年檢討一次。按恒生行業分類系統歸納為金融行業的H股指數成分股，將被納入為H股金融指數的成分股中。H股金融指數採用流通市值調整計算，並為個別股票設定15%的比重上限，避免個別成分股比重過高，而每隻成分股的市值是計算上市H股部分的總市值。

事實上，近年市場焦點都放於具代表性的「五行三保」股票，2006年第四季，「五行三保」股價累積升幅由三成多至九成多不等，由於市場對相關股份需求大及相關股份行業秀麗，所以它們的表現跑贏不少本地藍籌股。

H股金融指數現時指數＝

$$\frac{\Sigma(\text{現時成分股價}\times\text{股價}\times\text{流通系數}\times\text{比重上限系數})}{\Sigma(\text{上日收市股價}\times\text{股價}\times\text{流通系數}\times\text{比重上限系數})}\times\text{上日收市指數}$$

* 股數：已發行H股股票數量

流通系數：流通市值調整系數（數值介乎0至1，每六個月調整一次）

比重上限系數：個別股份比重調整系數（數值介乎0至1，每六個月調整一次）

H股金融指數推出日期：2006年11月27日

H股金融指數的基準日：2004年3月5日，指數基值為5033.14點。

流通市值調整

以下的股權被視為策略性持有，將不納入指數編算中：

(1) 策略性股東持有股權——由一位或多位策略性股東單獨或合共持有超過 30% 的股權；

(2) 董事持有股權——個別董事持有超過 5% 的股權；

(3) 互控公司持有股權——由一間香港上市公司所持有的投資、並超過 5% 的股權；及

(4) 受鎖定期條款限制的股權——由一位或多位股東單獨或合共持有，受已公開的鎖定期條款所限制、並超過 5% 的股權。

恒生五十中型股指數

Hang Seng Midcap 50 Index

恒生五十中型股指數，簡稱中型股指數，始創於1995年7月10日，由恒指服務有限公司負責編製、修改及公佈。凡屬中型股指數成分股，將不能同時擁有恒生指數、恒生一百指數或恒生中國企業指數的成分股地位。

若要成為中型股指數的成分股，基本條件有三：(1)公司上市需滿十二個月。(2)平均成交量為最多五十間公司之一。(3)總市值需介乎20億元至60億元之間。

分析中型股指數的表現，是為了預測成交活躍的中型股份的整體表現，藉此推斷個別成分股的走勢。不過，時移世易，隨着恒指、國企指數、紅籌指數成分股吃香程度遠較中型股指數成分股為高，加上中型股指數成分股的總值佔港股整體市值不足一成，其影響力變得有限。因此，投資者亦較忽視中型股指數的表現。

恒生五十中型股指數周線圖（1995年7月10日至1999年5月4日）

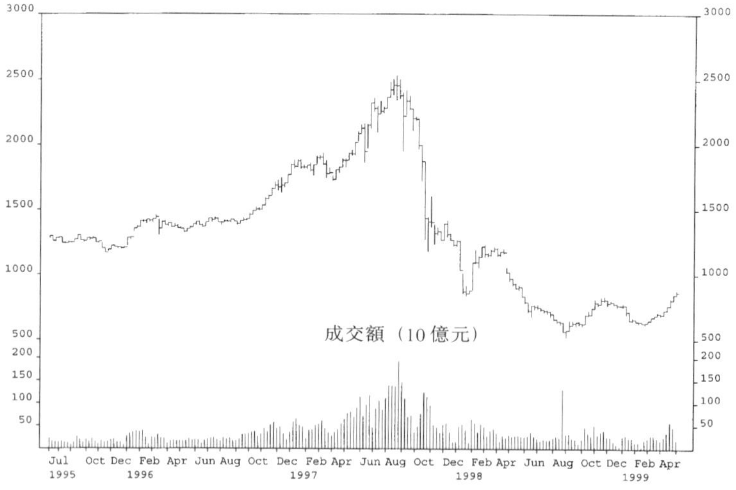

成交額（10億元）

中型股指數，現以1998年1月2日為基準日，並以該日收市價（即1000點）為指數基準值。指數基準值與原來指數基準值（以1993年1月3日收市價計）相同，即同為1000點，但兩者市值總額卻不同。

中型股指數以資本市值加權法計算，其公式如下：

$$\textbf{中型股指數} = \frac{\textbf{當日中型股指數成分股總市值}}{\textbf{基準日中型股指數成分股總市值}} \times 1000$$

所有普通股指數

All-Ordinaries Index

所有普通股指數，始創於1989年2月1日，由香港聯合交易所推出。凡上市公司均是所有普通股指數的成分股，僅停牌超過一年的公司或在香港掛牌的外國公司例外。

所有普通股指數在1992年4月底，推出七項分類指數，分別是金融、公用、地產、綜合企業、工業、酒店及其他，指數基準值以1992年1月2日收市價計算，即為2333.77點。

分析所有普通股指數，可對整體股市走勢有更全面瞭解和掌握，因為這指數涵蓋了整體大市市值，可彌補恒生指數未能完全反映大市市值之弊。

所有普通股指數以資本市值加權法計算，基準日為1986年4月2日，並以當日收市價1000點為指數基準值。計算公式如下：

$$\textbf{所有普通股指數} = \frac{\textbf{當日所有普通股總市值}}{\textbf{基準日所有普通股總市值}} \times 1000$$

所有普通股指數月線圖（1989年8月21日至1999年3月24日）

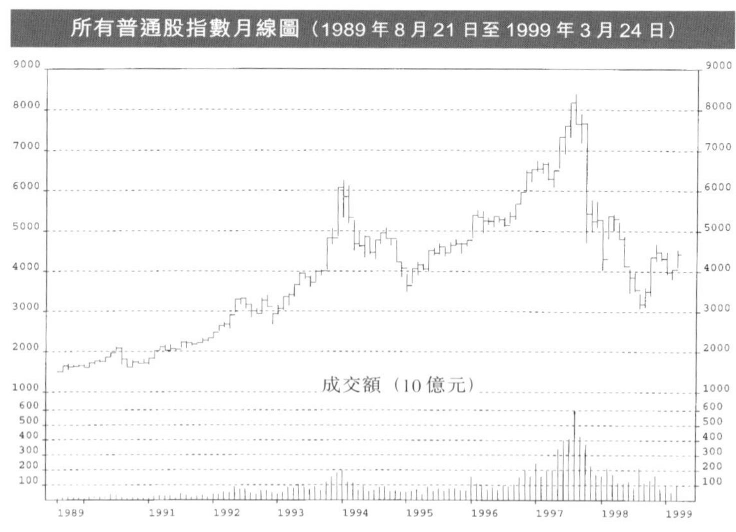

紅籌指數

Hang Seng China-Affilated Corporation Index

紅籌指數，全名是恒生香港中資企業指數。由於紅籌股日增，恒指服務有限公司在1997年7月3日推出該指數，並以1997年1月4日為基準日，而以當天的1000點定為指數基準值。

與恒生指數計算方法相同，紅籌指數亦是以資本市值加權法計算指數的變動。凡市值較大的紅籌股，如中國移動(0941)等，將較能左右紅籌指數的走勢。同時，為作對沖、套戥、投資，基金大戶都需持大量紅籌股，所以市值較大或盈利質素較佳的股份，其走勢亦因而較為看俏，股份支持力較強。一般散戶者要預測紅籌指數後市的去向，可對市值較大的紅籌股多加分析，從中推敲後市的走勢如何。

紅籌指數周線圖（1997年1月2日至1999年5月4日）

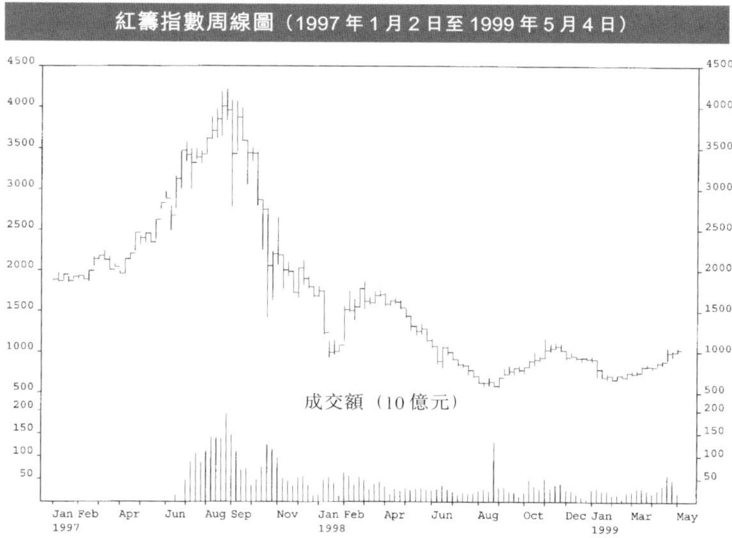

成為紅籌指數成分股，較成為恒生指數成分股容易，入選機會較高。截至2007年12月，紅籌指數共有30隻成分股。

入選紅籌指數成分股的基本條件如下：

(1) 三成半或以上股權，由內地機構或其轄下的香港上市或私營公司直接持有。

(2) 並非國企指數成分股。

(3) 上市滿十二個月或以上，期間的交易日均有其成交紀錄。

(4) 在過去十二個月內，股份整日無成交紀錄的日數不超過二十個交易日（不計停牌）。

至於紅籌指數的計算公式則如下：

$$\text{紅籌指數} = \frac{\text{當日紅籌指數成分股總市值}}{\text{基準日紅籌指數成分股總市值}} \times 1000$$

國企指數

Hang Seng China Enterprises Index

國企指數，全名為恒生中國企業指數，始創於1994年8月8日。該指數是以1994年7月8日的1000點為基準，並由恒指服務有限公司負責編製和修訂事宜。

國企指數的變動，同樣以資本市值加權法計算。一般來說，市值較大的國企股對國企指數都有舉足輕重的影響力。買賣國企股前，投資者不妨多花些時間留意國企指數及大市值的國企股走勢，因它們的表現將間接給予投資者啟示，使投資者知道何時方屬最適當的買入時機；同樣，持倉後亦要參考國企指數及個別市值大股份的走勢，以便決定何時是適當的沽出時機。

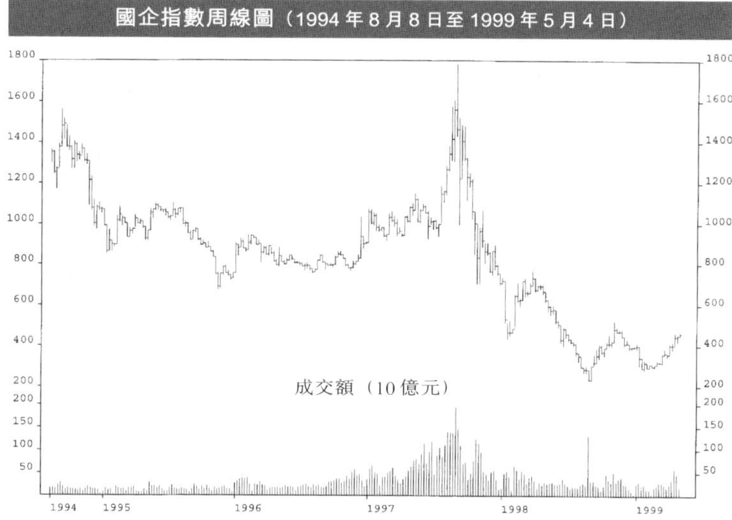

由於國企指數成分股佔了國企股市值的很大比重，所以其走勢是與國企股整體表現直接掛鈎。因此，國企指數的升跌，將直接反映整體國企股股價的變動情況。

國企指數的計算公式如下：

$$\text{國企指數} = \frac{\text{當日國企股總市值}}{\text{基準日國企股總市值}} \times 1000$$

成分股

Constituent Stock

成分股，指該股具備個別指數的成分地位。若該種指數走勢較有指標作用，甚至對後市有指導性，則其成分股股價的升跌將受投資者所注意。

全球股市有多種指數，所以具成分股身分的股票數以千計。單以港股為例，身兼恆生指數及中資企業指數成分股地位的股票就有多隻，例如華潤創業（0291）、中信泰富（0267）、中國移動（0941）等。

各種指數成分股的刪選，均有不同準則。以恆生指數（簡稱恆指）為例，成分股的編製、修訂和發佈，均由恆指服務有限公司負責。恆生指數成分股的入選要求，是流通量大及在個別行業中具代表性。成分股的轉變，正反映港股、整體經濟、各行各業的變化。

個別成分股走勢之所以具參考價值，主要原因是該等成分股佔有關指數的市值比重頗大，所以其股價升升跌跌較有指標作用。以市值最高的藍籌股匯豐(0005)及紅籌股中國移動(0941)，兩者各佔有關指數的比重約三成多及五成多，而它們股價的走勢對該種指數實有舉足輕重的影響。

另外，成分股地位的變化，與其股價升跌也有關係。按市場慣例，某隻股票若可能升格為成分股，之前該股大都會受到追捧；相反，凡被傳將被刪除成分股地位的股票，勢必遭到較大沽壓，直至有關消息明朗化，或得到正式公佈。出現這種情況，原因是新成分股很多時會被個別基金及證券行吸納，作為投資、對沖或發行衍生工具之用；相反，被刪除成分股地位的股份由於地位下降，因而被基金及證券行減持，甚至全數沽出。

藍籌股

Blue Chip

“藍籌”一詞源自英語“blue chip”，是華爾街的一種術語。在以前美國的賭場，所用籌碼是以不同顏色做代表的，而其中最大銀碼的籌碼是以藍色為代表。因此，人們便借此稱某些大型上市公司股份為藍籌股，意思是這些公司的股價夠高，而市值又夠大，交投活躍，買賣容易。

在香港，“藍籌股”的定義並沒有一個公認的準則，不過大部分人都將恒生指數的成分股稱為藍籌股。截至2007年12月，恒生指數共有43隻成分股（預計日後將逐漸增加至最多50 隻），而這些成分股已經佔香港股市總市值逾七成。換句話說，恒生指數成分股的市值，已經大過其他股票市值的總和，因此這些股份的股價表現，對於香港股市的走勢實有重大影響。

有些人建議，初學投資者應先從買賣藍籌股入手，因為藍籌股（如匯豐、長實等）的股價上落較慢，市值大，交投活躍，適合長線投資。

另外，由於藍籌股股價高，每手買賣金額大，例如匯豐（0005）每手400股，若股價為130 元，每手便要5.2萬元，因此買賣藍籌股以基金（機構投資者）為主，而基金的投資策略大都是中長線的。一般來說，如果基金看好某隻藍籌股的前景，他們便會作中長線投資，不會輕易沽出股份，由此形成股價有支持，經常長升長有。

恒生指數成分股	
編號	公司
0001	長江實業
0002	中電控股
0003	中華煤氣
0004	九龍倉
0005	匯豐控股
0006	港燈集團
0008	電訊盈科
0011	恒生銀行
0012	恒基地產
0013	和記黃埔
0016	新鴻基地產
0017	新世界發展
0019	太古公司 A
0023	東亞銀行
0066	港鐵公司
0083	信和置業
0101	恒隆地產
0144	招商局國際
0267	中信泰富
0291	華潤創業
0293	國泰航空
0330	思捷環球
0386	中國石油化工
0388	香港交易所
0494	利豐
0551	裕元工業
0688	中國海外
0762	中國聯通
0857	中國石油股份
0883	中國海洋石油
0906	中國網通
0939	建設銀行
0941	中國移動
1038	長江基建
1088	中國神華
1199	中遠太平洋
1398	工商銀行
2038	富士康國際
2318	中國平安
2388	中銀香港
2628	中國人壽
3328	交通銀行
3988	中國銀行

* 資料截至 2007 年 12 月

紅籌股

Red Chip

凡由中資企業直接控制或持有三成半股權以上的上市公司股份，均稱為紅籌股。

紅籌股的特色，是當有注資、重組等概念，而其時大市氣氛佳或流動資金充裕，有關股份的股價都會應聲而起。原因是，該等紅籌股的母公司均坐擁不少資產或發展項目，甚至是直屬個別省市或中央機構，故被認為較易通過中國證監會的審批，將資產注入香港的子公司。但時移世易，自從1998年國務院推出紅籌股監管指引，嚴格審批注資項目，拖慢紅籌股的注資步伐；其後中央為精簡人手、減少浪費公帑及資源等原因，又逐步進行"政企分家"；上述兩大措施對紅籌股即時起了冷卻作用。有見及此，投資者在揀選紅籌股前，宜先分析其基本因素、公司及行業前景等，反而母公司的背景並不應是首要考慮因素。

截至 2008 年 1 月，在香港上市的紅籌股超過 90 隻，其中 30 隻獲恒生指數服務公司選定為恒生香港中資企業指數（俗稱"紅籌指數"）的成分股。不過，一般來說，紅籌指數成分股的代表性或權威性，均較藍籌股為低。

紅籌股之稱，與藍籌股的典故有一定關係。股市如賭場，賭場內的籌碼，若由大至小排列，是藍籌、紅籌、白籌；由此引伸，藍籌股如藍色籌碼(金額最大的籌碼)，屬最具代表性及價值最高的股份；而紅籌股則如紅色籌碼，屬評價次於藍籌股的股份；最後，白籌則泛指實力較遜的國企股。

另外，由於中國國旗為五星紅旗，以紅色為主色，因此有人遂將中資公司所管理的股份形象地統稱為紅籌股。

恒生香港中資企業指數（紅籌指數）成分股

編號	公司
0123	越秀投資
0124	金威啤酒
0135	中國(香港)石油
0144	招商局國際
0152	深圳國際
0203	駿威汽車
0270	粵海投資
0291	華潤創業
0297	中化化肥
0308	中旅國際
0363	上海實業
0392	北京控股
0506	中國食品
0604	深圳控股
0606	中國糧油控股
0688	中國海外
0762	中國聯通
0836	華潤電力
0882	天津發展
0883	中國海洋石油
0906	中國網通
0941	中國移動
0966	中保國際
0992	聯想集團
1052	越秀交通
1109	華潤置地
1114	華晨中國汽車
1199	中遠太平洋
1205	中信資源
2380	中國電力

* 資料截至2008年1月

國企股（H股）

H Stock

國企股，又稱H股〔註〕，是指中國證監會審批後，獲准到香港上市的國有企業。國企股在香港上市，無非為了在香港股票市場籌集資金。由於要維持競爭力，到香港上市的國企股大多質素頗佳。

最早在香港上市的國企股是青島啤酒（0168），當時是1993年7月。截至2007年12月，在香港股票市場的國企股數目已超過140隻，其中43隻晉身成為國企指數（即恒生中國企業指數）的成分股。國企指數成分股的入選要求，與恒生指數及紅籌指數（即恒生香港中資企業指數）有異。

以行業劃分，國企股涉及的行業包括公路、電力、煤炭、原料、化工、鋼鐵、房地產、冶金等。若以概念劃分，國企股一般分為負債極重的老牌國企股（較早期上市的股份）及盈利質素較佳的國企股。老牌國企股通常負債沉重，盈利質素乏善足陳，因此中央政府有意透過重組、合併等做法改善公司的營運效率，但改革進度如何，主要視乎中央政府的決定。由於老牌國企股具有以上缺點，所以股價走勢大多較為落後。不過，當有中國減息或重組業務等利好消息出現時，它們也有被藉口炒作的機會。

盈利質素較佳的國企股，亦有被基金買入作長線持有；究其原因，是外資基金希望藉此分散一籃子股票組合的投資風險，兼且可以間接涉足內地個別行業。因此，該類被基金看中的國企股，其股價走勢遠較老牌國企股穩定，投資風險也相對較低。

〔註〕H股是以香港英文名稱Hong Kong的字首為名，意思指在香港上市的國企股。而在美國紐約上市的叫“N股”，新加坡上市的叫“S股”。

隨着國企股建設銀行（0939）成為恒指成分股後，中石化（0386）及中國銀行（3988）亦在2006年12月4日，成為同時身兼國企及藍籌身份的股票，而工商銀行（1398）及中國人壽（2628）則在2007年3月12日，成為恒指成分股。

恒生中國企業指數（國企指數）成分股

編號	公司
0168	青島啤酒
0177	江蘇寧滬高速
0323	馬鞍山鋼鐵
0338	上海石油化工
0347	鞍鋼股份
0358	江西銅業
0386	中國石油化工
0489	東風集團股份
0525	廣深鐵路
0552	中國通信服務
0576	滬杭甬高速
0598	中國外運
0694	北京首都機場
0728	中國電信
0753	中國國航
0763	中興通訊
0857	中國石油股份
0902	華能國際
0914	安徽海螺水泥
0939	建設銀行
0991	大唐發電
0998	中信銀行
1088	中國神華
1138	中海發展

1171	兗州煤業
1398	工商銀行
1800	中國交通建設
1898	中煤能源
1919	中國遠洋
2318	中國平安
2328	中國財險
2600	中國鋁業
2628	中國人壽
2698	魏橋紡織
2727	上海電氣
2777	富力地產
2866	中海集運
2883	中海油田服務
2899	紫金礦業
3328	交通銀行
3968	招商銀行
3988	中國銀行
3993	洛陽鉬業

* 資料截至2007年12月

紫籌股

凡個別股份身兼紅籌股和藍籌股的地位，即被市場泛稱為紫籌股，如華潤創業（0291）、中信泰富（0267）、中國移動（0941）、中海油（0883)等均屬紫籌股。(由於紅色與藍色混合便為紫色，所以身兼紅籌股和藍籌股地位的股份，便被統稱為紫籌股。)

紫籌股既身兼兩重身分，其走勢自會較為波動，因為它們會同時受恒生指數和紅籌指數的影響。但若以前景看，紫籌股業務既因涉及內地而受惠於中國的經濟高增長，又會因其藍籌股的地位而令它們在芸芸紅籌股中被看高一線。

至於一些公司，例如長江基建（1038）、新世界基建（0301）等，其資產和盈利主要來自內地，這類公司的股份亦被市場視為具有紫籌概念；它們股份的表現與中國經濟的興衰關係很大，反而與香港經濟的關連有限。由於這些紫籌概念股的盈利回報較穩定，所以當香港經濟收縮或股市過熱，而內地經濟尚未出現類似情況時，它們反而會成為資金避難所，受到基金追捧。

紫籌股資料比較

編號	股份	業務
0941	中國移動	• 主要於廣東省、浙江省、江蘇省、福建省、河南省、北京、上海、天津、河北、遼寧、山東及廣西提供蜂窩移動通信及有關服務。
0267	中信泰富	• 從事物業發展與投資、貿易與分銷、航運、發電及基礎建設。
0291	華潤創業	• 從事地產投資及發展、貨倉及冷倉、啤酒釀製、貨櫃碼頭業務及食品分銷與其他投資業務。
0883	中海油	• 主要從事中國海上原油及天然氣的勘探、開發及生產。

普通股 / 優先股

Common Stock / Preferred Stock

香港較普遍的股票，大致可分為普通股、優先股、可換股債券、備兑認股證及認股證。以投資回報及風險來看，上述各種股票均不同，基本上能滿足各類投資者的需求。

普通股，即投資者一般所指的股票，是上市公司最基本的股本，凡持有普通股者就是公司的股東。

若論投資風險和回報，普通股均較優先股為高。普通股的走勢取決於盈利質素及市場供求關係等，其股價波動幅度較大，具潛在風險，但回報也很可觀，因此投資者通常都選擇購買普通股。

普通股的上升潛力各有不同。至於派息，有些公司會派中期息及末期息，但並非必然，而紅股派送更並非常有的。假如公司不幸清盤，普通股持有者須等待至最後，才能獲得財產分配。

若再細分，普通股可分成A股、B股及H股（即國企股）。B股的面值較A股為低，但兩者的投票權利卻相同；現在除市面上尚存的B股外，一般公司已不再發行B股了。假如上市公司未有發行B股，其普通股將無須特別指明屬於A股一類。至於H股，其實與一般普通股無異，“H股”僅是市場人士對國企股的簡稱而已。

優先股，屬上市公司的部分股本，持有人具有公司股東身分。優先股的固定股息在發行時已經訂明；凡公司錄得利潤兼宣佈派息，持有優先股者將有優先權收取訂定的股息。若該年無息可派，持有者應收取的股息將累積至公司有息可派時，一次過派發。從以上可見，優先股極為穩健，最適合一些僅追求固定股息回報的投資者。

由於已有利益上的優先權，優先股股東並無投票權利。另外，如在發行時，優先股已訂明是可轉換 (convertible preferred) 或可贖回 (redeemable preferred) 性質，則該公司有權在指定時間內，按指定價格，以普通股或現金向持有者兑回優先股。

增長股

Growth Stock

增長股，即每年盈利增長可觀而邊際利潤亦佳的股票。這類股票的公司一般身處新興行業，或擁有較先進或專業的生產技術。由於競爭力較強，而市場空間尚未飽和，這類股票的公司可享有較長的增長期。

若有眼光買入增長股，投資者不妨長線持有這類股票，因股價勢將穩步上揚。不過，對於股息派發，投資者卻不宜多作憧憬，因這些公司大多會將資金投入科技及業務發展上。

屬於增長股的公司，其特徵是管理層非常進取，企圖在市場上盡快爭一席位，因而會相當積極向銀行貸款以作業務發展。不過，問題是這些新公司未必可經得起風浪，若遇市場逆轉，甚或金融風暴等，增長股的業務部署有機會被打亂陣腳，而財政問題更可能成為其致命打擊。因此，投資增長股前，最好對有關公司的業務加深認識，特別是短期貸款、負債比率、外匯風險等均應作深入分析。

衍生工具

Derivatives

"衍生工具"一詞，顧名思義，是指一些投資工具由另外一種金融產品所衍生出來。一般香港常見的衍生工具有期貨、期權及認股證等。

以期貨為例，香港最常見的可算是恒生指數期貨，投資者只需付出相當數目的按金，便可進行買賣。恒生指數期貨所代表的金融產品，就是恒生指數，每點指數代表50元港幣，買賣的賺蝕根據恒生指數的結算價計算。買賣雙方以恒生指數為基礎，例如對股市看漲的投資者，可以買入一張恒指期貨合約，如果恒生指數真的向上，每上升一點，投資者便可獲得50元港幣的利潤；相反，如果恒生指數不升反跌，每跌一點，投資者便損失50元。以恒生指數20,000點來計算，一張恒指期貨合約總值約100萬元（20,000 × 50元＝1,000,000元）。而購買恒指期貨合約者只需付出按金約6萬元左右，即用6萬元便可操控100萬元的資產，放大倍數為十六倍。

正因為以小量金錢便可操控大很多倍的資產，因此恒指期貨合約是一種槓桿投資，賺錢與賠錢的幅度可以很大，被視為一種風險較高的投資工具。

由於恒指期貨合約是由恒生指數所衍生出來的產品，所以屬於衍生工具之一。

期貨

Futures

期貨，是期貨合約（futures contract）的簡稱。所謂期貨合約，是指買賣雙方同意在某一時間內或某一特定時間以預先達成的價格去買賣某種物品。通常期貨合約只會在交易所中買賣。在交易所買賣的期貨，通常是有指定的物品（如恆生指數），而且每張合約的大小，均已由交易所設定。

例如，期貨指數合約（簡稱“期指”）便是期貨合約的一種。期指買家若看好恆生指數後市持續向好，他可以在交易所買入期指，到月底結算日（即該月最後一個交易日前的一個交易日）平倉時，若恆生指數高於其合約買入價，則他便可以收取買賣差價的利潤。

至於在交易所以外進行買賣的合約，則稱為遠期合約（forward contract），而進行這些遠期合約的交易地方稱為場外交易所（over-the-counter market）；有關合約交易泛稱為場外交易。場外交易的好處，在於買賣雙方可以各取其所，亦無須申報持倉數量，有利一些機構對沖風險，甚至進行套戥活動。

不過，以投資者角度看，場內期貨買賣，透明度較高，合約價格升跌的變動可於大利市機內一覽無遺。同時，場內期貨合約另有一個優點，是期交所保證買賣合約可以兑現；反之，場外期貨合約能否兑現，需視乎賣方（投資機構、銀行或莊家）的商譽如何，而持倉者的風險明顯較大。

按 785 頁，即見即月期指、下月期指、股票期貨等資料。

即市買入叫價　即市沽出叫價　全日最高價　全日最低價　新近 / 最後成交價　成交張數

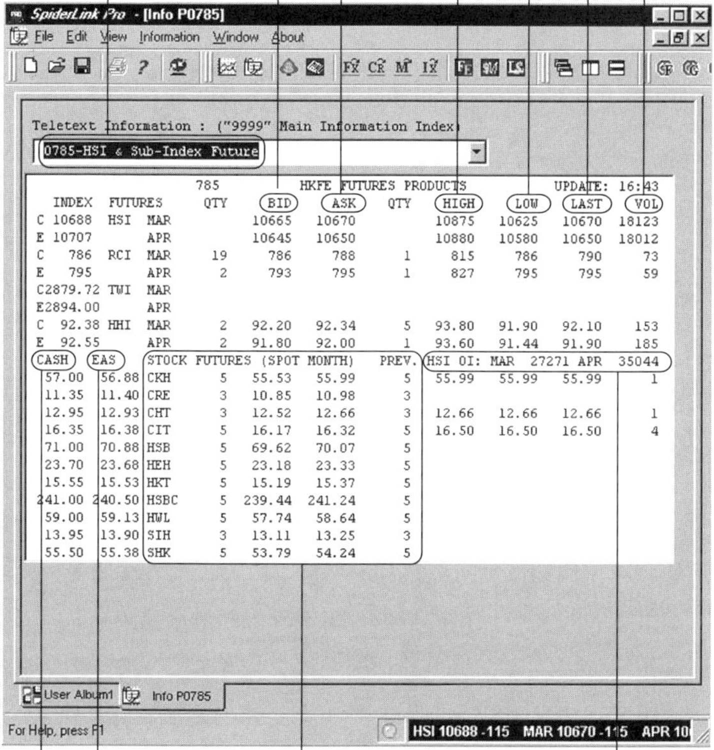

SpiderLink Pro - [Info P0785]

File Edit View Information Window About

Teletext Information : ("9999" Main Information Index)

0785-HSI & Sub-Index Future

785 HKFE FUTURES PRODUCTS UPDATE: 16:43

INDEX	FUTURES		QTY	BID	ASK	QTY	HIGH	LOW	LAST	VOL
C 10688	HSI	MAR		10665	10670		10875	10625	10670	18123
E 10707		APR		10645	10650		10880	10580	10650	18012
C 786	RCI	MAR	19	786	788	1	815	786	790	73
E 795		APR	2	793	795	1	827	795	795	59
C2879.72	TWI	MAR								
E2894.00		APR								
C 92.38	HHI	MAR	2	92.20	92.34	5	93.80	91.90	92.10	153
E 92.55		APR	2	91.80	92.00	1	93.60	91.44	91.90	185

CASH	EAS	STOCK FUTURES (SPOT MONTH)				PREV.	HSI OI: MAR 27271 APR 35044			
57.00	56.88	CKH	5	55.53	55.99	5	55.99	55.99	55.99	1
11.35	11.40	CRE	3	10.85	10.98	3				
12.95	12.93	CHT	3	12.52	12.66	3	12.66	12.66	12.66	1
16.35	16.38	CIT	5	16.17	16.32	5	16.50	16.50	16.50	4
71.00	70.88	HSB	5	69.62	70.07	5				
23.70	23.68	HEH	5	23.18	23.33	5				
15.55	15.53	HKT	5	15.19	15.37	5				
241.00	240.50	HSBC	5	239.44	241.24	5				
59.00	59.13	HWL	5	57.74	58.64	5				
13.95	13.90	SIH	3	13.11	13.25	3				
55.50	55.38	SHK	5	53.79	54.24	5				

User Album1　Info P0785

For Help, press F1　HSI 10688 -115 MAR 10670 -115 APR 10

EAS，等於最後結算價，以正股每五分鐘報價的平均數為依歸

各類股票期貨買入叫價、沽出叫價、成交張數、上日成交張數等資料

O.I. 即未平倉合約，3 月份及 4 月份未平倉合約分別是 27271 張及 35044 張。

各類股票期貨對象的現價

~~~~~~~~~~~~~~~

＊ 資料來自 SpiderLink Pro.
~~~~~~~~~~~~~~~

期權

Options

期權是一種有期限的投資工具，屬於衍生工具的一種。期權的持有人可以在一段期限內，行使其權利去購買或沽出期權所代表的投資物品。在香港股票市場買賣的期權產品，有恒生指數期權合約。

簡單來說，期權可分為兩類：(1) 認購期權 (call options) 及 (2) 認沽期權 (put options)。以恒生指數期權為例，如果投資者看好後市，認為恒生指數會上升，可以買入恒指認購期權；相反，如果投資者看淡後市，他可以買入恒指認沽期權，以對沖手上股票的下跌風險。

恒指期權合約屬於香港期貨交易所的產品，通常一些大經紀行只要是香港期貨交易所的會員，都可以買賣。恒指期權合約也是一種槓桿投資工具，只需用小量資本，便能操控較本金大十數倍的資產。例如恒生指數為15,000點，假設投資者看好後市，購入一張15,000點行使價的恒指認購期權，期權金為200點。以每點港幣50元來計算，200點期權金等於1萬元。一張恒指期權合約，以15,000點來計算，等於75萬元。換句話說，即是以1萬元本金，便可操控大七十五倍的資產。如果後市恒生指數升上16,000點，扣除本金200點，投資者便可賺取800點，約4萬元。假若恒生指數跌破15,000點，投資者最多只損失期權金200點，即1萬元。

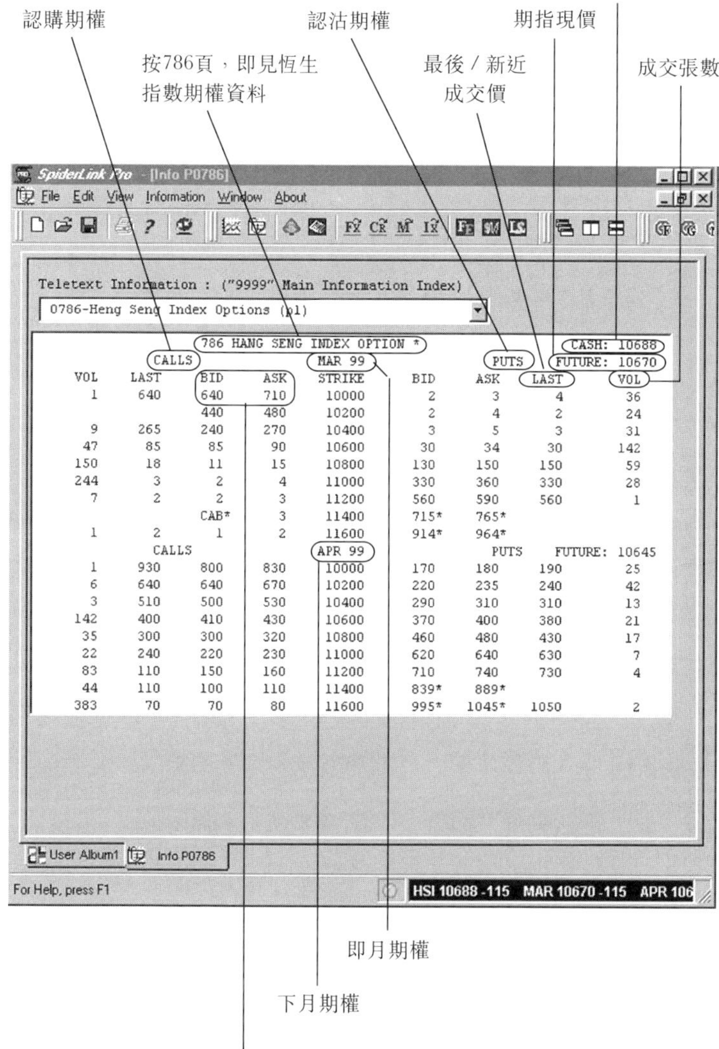

CALLS				MAR 99	PUTS			
VOL	LAST	BID	ASK	STRIKE	BID	ASK	LAST	VOL
1	640	640	710	10000	2	3	4	36
		440	480	10200	2	4	2	24
9	265	240	270	10400	3	5	3	31
47	85	85	90	10600	30	34	30	142
150	18	11	15	10800	130	150	150	59
244	3	2	4	11000	330	360	330	28
7	2	2	3	11200	560	590	560	1
		CAB*	3	11400	715*	765*		
1	2	1	2	11600	914*	964*		
CALLS				APR 99	PUTS		FUTURE: 10645	
1	930	800	830	10000	170	180	190	25
6	640	640	670	10200	220	235	240	42
3	510	500	530	10400	290	310	310	13
142	400	410	430	10600	370	400	380	21
35	300	300	320	10800	460	480	430	17
22	240	220	230	11000	620	640	630	7
83	110	150	160	11200	710	740	730	4
44	110	100	110	11400	839*	889*		
383	70	70	80	11600	995*	1045*	1050	2

- Bid，即市買入叫價，以每點50元計，640點等於32,000元。
- Ask，即市沽出叫價，以每點50元計，710點等於35,500元。

~~~~~~~~~~~~~~~~

* 資料來自 SpiderLink Pro.
~~~~~~~~~~~~~~~~

恒指期權策略比較

	市場狀況	市況預期	盈利潛能
(1) 牛市	1.1）購入認購期權	強烈牛市	• 無限
	1.2）沽出認沽期權	牛市	• 只限於所收取的期權金
	1.3）牛市認購跨價買賣	輕度牛市	• 限於兩種期權行使價相差扣除所淨付的期權金
	1.4）牛市認沽跨價買賣	輕度牛市	• 只限於所收取的淨額期權金
(2) 熊市	2.1）購入認沽期權	強烈熊市	• 無限
	2.2）沽出認購期權	熊市	• 限於所收取的期權金
	2.3）熊市認沽跨價買賣	輕度熊市	• 限於兩種期權行使價相差扣除所淨付的期權金
	2.4）熊市認購跨價買賣	輕度熊市	• 只限於所收取的淨額期權金
(3) 波動市	3.1）購入馬鞍式組合	非常波動	• 無限
	3.2）購入勒束式組合	非常波動	• 無限
(4) 牛皮市	4.1）沽出馬鞍式組合	牛皮	• 只限於所收取的淨額期權金
	4.2）沽出勒束式組合	牛皮	• 只限於所收取的淨額期權金
	4.3）比率認購跨價買賣	牛皮但有上升潛力	• 限於兩種期權行使價相差加上所收取的淨額期權金
	4.4）比率認沽跨價買賣	牛皮但有下降潛力	• 限於兩種期權行使價相差加上所收取的淨額期權金

損失潛能	風險		適用戶口*
	upside（上升）	downside（下降）	
• 限於所付出的期權金	—	○	現金
• 無限，隨着期權所代表的資產值下降而下降	—	×	按金
• 只限於所付出的期權金	—	○	按金
• 限於兩種期權行使相差扣除所淨收的期權金	—	○	按金
• 限於所付出的期權金	○	—	現金
• 無限	×	—	按金
• 只限於所付出的期權金淨額	○	—	按金
• 限於兩種期權行使價相差扣除所淨收的期權金	○	—	按金
• 只限於所付出的總期權金	—	—	現金
• 只限於所付出的總期權金	—	—	現金
• 無限	×	×	現金
• 無限	×	×	現金
• 無限	×	—	按金
• 無限	—	×	按金

× 無限度風險　○ 有限度風險　— 不適用

認股證

Warrants

認股證屬於一種衍生工具，是由股票衍生出來的投資工具。它可分為兩大類：即（1）認股證（equity warrants）及（2）備兑認股證(covered warrants)。前者是由上市公司本身所發行，而後者則由商人銀行或大經紀行發行。

公司所出的認股證，通常以派送形式給予現有股東。例如新公司上市時，為了吸引多些人認購其股份，便會在新股上市時送認股證予股東，如每五股正股送一股認股證。又或者，公司在每年公佈業績時，減少派息，改以派送認股證來提高股份的吸引力。無論屬於哪種派送方式，認股證本身都有其價值。例如公司股價現價為1元，股證認股價為1.2元，假如正股升上1.2元以上，認股證便有其實在價值。在到期日時，假若公司股價在行使價之上，認股證持有人便可行使認股證去認購新股；而公司方面，亦有得益，就是公司的股本得以擴大，有新的資金去作投資或營運之用。

認股證公式

$$\text{溢價}(\%) = \frac{\text{認股證價格} \times \text{兑換份數} + \text{行使價} - \text{正股現價}}{\text{正股現價}}$$

$$\text{槓桿比率(倍)（或控股比率）} = \frac{\text{正股現價}}{\text{認股證價格} \times \text{兑換份數}}$$

例：正股現為13元，認股證現為0.5元，行使價為10元，兑換份數為10（份），即兑換率0.1（$^1/_{10}$）

$$\text{溢價} = \frac{0.5\text{元} \times 10 + 10\text{元} - 13\text{元}}{13\text{元}} \times 100\%$$

$$= 15.38\%$$

$$\text{槓桿比率(倍)（或控股比率）} = \frac{13\text{元}}{(0.5\text{元} \times 10)}$$

$$= 2.6\text{倍}$$

備兌證

Covered Warrants

備兌證，又稱備兌認股證，與認股證同被市場人士泛稱為“窩輪”，屬於衍生工具的一種，由所代表的資產衍生而成。備兌證與認股證最大的分別，在於認股證是由上市公司本身發行，而備兌證是由第三者（商人銀行或大經紀行）發行。凡持有備兌證者均有權根據條款的行使價（strike price），在指定時間內認購或認沽指定資產或與其相等金額的現金。所謂“備兌”之義，是指發行商手上要備有充足的股票以供備兌證持有人去兌換。

與認股證一樣，備兌證的好處在於每手成本低，全日波幅往往較正股為高。同時，投資者可藉着備兌證的槓桿比率（或稱控

大利市機裏所顯示的其中一種備兌證買賣情況

備兌證 15 個字元所在處

```
佳訊 投資寶 SmartQuote 3.02 Hotline:29286345          23/04/1999  17:28:04
[    ] 1751  ML-HWL  *EC9908  和黃美林九零八購

HIGH          1.55  TICKS              93 PREMIUM  :    0.00%   HSI  :  12905   -28
LOW           1.43  15:55    10K    1.430 GEARING  :    N.A.    HSS  :  12830  -155
PRV CLOSE     1.45  15:55    10K    1.430           BID                  ASK
DAY CLOSE     1.43  15:56    10K    1.430 0139                    2801 4079       1539
CHANGE       -0.02  15:56    30K    1.430 2399                    8769 0239 +9s  +12s
             -1.37%      BID       ASK                            +1s  +5s  5140 1880
SHARES TR    3.59M      1.39      1.43                                 7405 5639 6434
TURNOVER     5.40M  SHRS(ORD) SHRS(ORD)                           +2s  8938 +10s +13s
SPREAD 0.01 /0.01     60K(  2) 230K(  2)                          7607 +6s  1539
LOT SIZE     10000       (   )     (   )                          +3s       5709 +14s
CURRENCY    HKD(0)       (   ) 200K(  1)                               +7s  +11s 6227
# EXERCISE DATE:         (   )     (   )                          +4s  0830 5229 +15s
11/8/99                  (   ) 160K(  3)                          2150 +8s  7929

EXERCISE   :    N.A.    52 WK HIGH :    0.000   EXPIRY               :11/Aug/99
AMT        :  438.90M   52 WK LOW  :    0.000   CONVERSION RATIO :     0.100
                                                CONVERSION PRICE :    54.862

LINK   13 1710 1723 1727 1752 1755 1756 1767 1771 2262 2263

16:07 HSI100 LAST 111.73 (-0.44)
F1Quote F2Broker F3Chart F4Trades F5Alarm F6SplitScr F7CodeTbl F8Print F10Quit
```

~~~~~~~~~~~~~~~

* 資料來自佳訊投資寶 Smart Quote
~~~~~~~~~~~~~~~

股比率）去放大投資金額。例如槓桿比率為二十倍，即是凡持有二十份備兑證，等同控制一份正股價值。換句話説，以二十分之一的正股價錢便可以間接持有一股正股；這種“以小控大”的方式，可令投資者的投資金額間接放大二十倍。

備兑證的弊處，在於風險極大，因價格波幅很大，而時間亦有限制（各備兑證均有年期），所以不利於持倉過久。備兑證的價格是會隨尚餘日數減少而下跌，其中以“末日輪”(即年期不足一個月的備兑證）尤甚。至到期日時，如果投資者仍未行使權利認購或認沽指定產品，持有該等備兑證便等於持有廢紙，因屆時備兑證的價值會全失。此外，備兑證還另有一缺點，就是持有者並非有關公司的股東，其身分僅屬投資者，所以他們並無權收取股息，或是分享其他股東權益。

隨着市況轉變，發行商已不再只局限於發行備兑認股證（即看好指定資產走勢的備兑證），他們也發行備兑認沽證(即看淡指定資產走勢的備兑證），而備兑認沽證在市場上亦同樣很流行。

至於備兑證的指定資產，並無限制，主要因應市場需要，除個別藍籌股外，還包括恒生指數、日經指數、道瓊斯指數、標準普爾500指數、倫敦金、日圓等。

由於備兑證種類繁多，所以受投資者歡迎的程度，較認股證有過之而無不及。

字元	1–2	3
例子：和黃認購輪(1751)	① **ML**	–
解釋	發行商簡稱	
例子	AA 荷銀 BS 貝斯 BT 信孚 BP 法銀 BZ 巴銀 CB 萬銀 CC 加帝 CL 里昂 CM 大通 CS 一波 DB 德銀 GS 高盛 HS 匯豐 IW 惠信 MB 麥銀 ML 美林 MS 摩根 NI 野村 PC 百銀 RF 羅富 SG 法興 SI 所羅 UB 瑞聯	

備兌證字元解碼一覽表（例子：ML-HWL *EC9908）

	4–8（最多5個）			9	10–11	12–15	
	② HWL			③ *	④ EC	⑤ 9908	
	指定資產 如股份、指數、貨幣、金屬等（最多字數為5個）			交收方法	種類或性質	到期年份及月份	
	部分股份簡稱	指數、貨幣、金屬簡稱	一籃子簡稱	* 只以實物交收	E 歐式	年份例子	
	CK 長實	HSI 恆指	PPTS 地產	@ 只限現金結算	C 認購	99	1999年
	CLP 中電	HSCCI 紅指	RCHIP 紅籌	$ 發行人有現金選擇權	P 認沽	00	2000年
	BEA 東亞	HSCEI 中企	BANKS 銀行		X 特種	月份例子	
	HSBC 匯豐	DJTSI 台指	BCHIP 藍籌		R 地區性	01	1月份
	HKTEL 電訊	DJIA 杜工	CHI C 中概		B 一籃子	02	2月份
	HS BK 恆生	GOLD 黃金	CONGL 綜合			03	3月份
	HLAND 恆地	N225 日經	CSM S 消費			...	...
	HWL 和黃	S&P 標普	FINAN 金融			...	...
	SHK P 新地	TWI 台指	HOTEL 酒店			10	10月份
	NWD 新世界	USYEN 美日	INDEX 指數			11	11月份
	CITIC 中信	EURUS 歐美	INFRA 基建			12	12月份
	C RES 華創		PCHEM 石化				
	SH IN 上實		TELEC 傳訊				
	C TEL 中國電信		TOURI 旅遊				
			TRANS 運輸				
			UTILI 公用				

備註

① 首兩個字元（如ML），已清楚交代該輪發行商名稱。投資者不妨留意市面活躍窩輪經常由哪一間發行商發行，且看其受落程度。若個別發行商發行窩輪交投疏落，正間接凸顯該發行商發行窩輪之條款未屬吸引。

② 字元單位4至8（如HWL），交代該輪指定資產（詳見上表）。凡屬指數、貨幣、金屬、一籃子窩輪之指定資產均有固定字母簡稱，股票認購或認沽輪之指定資產字母，實則是認購或認沽正股之英文名稱縮寫，應不難意會。

值得一提，是日圓認沽輪（如2296）及歐元認購輪（1746）的指定資產。以日圓認沽輪（2296）為例，其指定資產之字母簡稱是USYEN，已交代其指定資產是美元兑日圓；另由於以US字母排在YEN字母之前，代表該輪是看好美元，看淡日圓，故簡稱為日圓認沽輪。歐元認購輪（1746），指定資產字母是EURUS，代表該輪是看好歐元，看淡美元。

③ 第9字元單位，解釋交收方法，亦即行使條款。字元*，代表持有者若行使該輪，只能以實物交收，以和黃認購輪（1751）為例，每持有十份（1751）將有權在到期日，以行使價（54.86元）認購一份正股。字元@，代表即使行使該輪，僅能收取現金，若正股現價遠高於行使價，投資者將可賺取其中差價。字元$，即發行商有現金選擇權，但隨着聯交所修改條例，發行新輪將禁止以上述($)形式交收條款，市面上仍以該方法交收的窩輪行將淘汰。

④ 第10至11字元，清楚交代窩輪特性或種類，EC代表歐式認購輪，即至到期日始能行使。X等於特種輪（即怪雞輪），如封頂輪、封底輪、跨價輪等，查看聯交所透過大利市機每日刊發資料，即可知該特種輪底細。

⑤ 第14至15個字元，代表到期年份及月份。

指數備兌證

Index Covered Warrants

指數備兌證屬於備兌證的一種，它所代表的資產為股市指數，而非股票。香港常見的指數備兌證，分為認購證（CALL）及認沽證（PUT）兩類，而指數備兌證所代表的指數，除了恆生指數之外，還有日經工業平均指數、道瓊斯工業平均指數及標準普爾500指數等。

以恆生指數為例，恆指認購證給予股證持有人一個看好後市的權利，如果恆生指數超越了恆指認購證的行使價，恆指認購證的持有人便能行使股證，以賺取行使價與當時恆生指數的差價。如果恆生指數低於恆指認購證的行使價，恆指認購證便沒有行使的價值；不過，若認購證尚未到期，持有人還可以等待至認購證變為有價值才去行使。然而，如果在到期時，行使價仍高於恆生指數，恆指認購證就會作廢，持有人便會損失購買恆指認購證的金錢。

恆指認沽證是給予股證持有人一個看淡後市的權利。如果恆生指數低於認沽證的行使價，股證持有人便可以行使其權利，賺取當時恆生指數與行使價的差價。相反，如果恆生指數高於認沽證的行使價，恆生指數認沽證便沒有行使價值了。

指數備兌證例子（1999年8月25日指數備兌認購證資料）

電腦代號	名稱	尚餘日數	到期日子	每手份數	行使價	正股市價	前收市價	開市	最高	最低	收市
1760	恆指—法興9908	5	30/08/99	10000.00	8550	13479.13					
1804	恆指—法興9911	96	29/11/99	10000.00	11640	13479.13	0.231	0.231	0.233	0.211	0.215
1815	那達—摩根9911	89	22/11/99	10000.00	2160	2404.82	0.250	—	—	—	0.250
1816	那達—法興9911	89	22/11/99	10000.00	1960	2404.82	0.249	—	—	—	0.290

一籃子備兌證

Basket Covered Warrants

投資專家常言，在投資之時，切忌把所有資金投資在一隻股票之上，因為這樣做風險很大。把資金分散投資，從財務學上來看，是把風險分散，令到投資組合風險降低。

以單一備兌證來說，備兌證價格升跌，主要視乎備兌證所代表股票的走勢而定。如果股票大升，備兌證價格便上升；相反，如果股價下跌，備兌證價格便下跌。有些時候，大市向好，但備兌證所代表的股份，因為一些原因，未能跟隨大市上升，以致備兌證的表現也會平平。例如銀行削減借貸利率，理應利好地產

一籃子備兌證公式表例

假設例子：一籃子銀行認沽證（匯豐銀行 × 0.025 ，恒生銀行 × 0.063 ，東亞銀行 × 0.37）

認沽證現價：0.285 元。行使價：14.3 元。

兌換份數：10 份，即兌換率為 0.1 （$^1/_{10}$）。

匯豐報收 197 元，恒生報收 63.75 元，東亞報收 10.9 元。

一籃子現價 ＝ 匯豐 × 0.025 ＋ 恒生 × 0.063 ＋ 東亞 × 0.37

＝ (197元 × 0.025) ＋ (63.75元 × 0.063) ＋ (10.9元 × 0.37)

＝ 12.974 元

$$\text{溢價}(\%) = \frac{\text{認沽證現價} \times \text{兌換份數} + \text{一籃子現價} - \text{行使價}}{\text{一籃子現價}} \times 100\%$$

$$= \frac{(0.285 \times 10) + 12.974 - 14.3}{12.974} \times 100\%$$

$$= 11.7\%$$

$$\text{槓桿比率（或控股比率）} = \frac{\text{一籃子現價}}{\text{認沽證現價} \times \text{兌換份數}}$$

$$= \frac{12.974}{(0.285 \times 10)}$$

＝ 4.55 倍

一籃子備兌證認沽對象所佔比重分佈

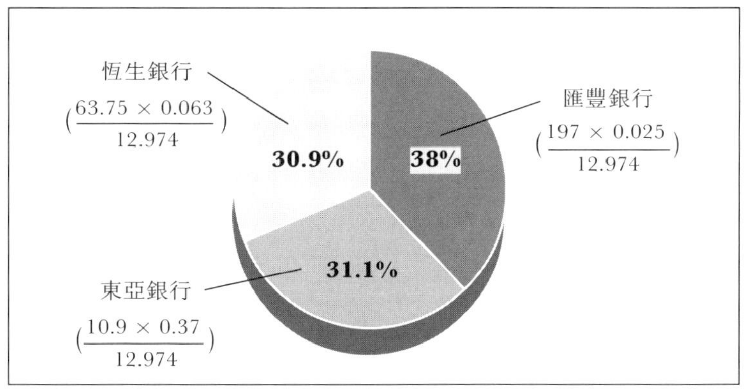

股，理論上購入地產股的備兌證應有利可圖。可是，剛巧備兌證所代表的地產股，因為個別原因，未能跟隨大市上升，便會令到備兌證亦毫無表現。

一籃子備兌證的出現，正好解決以上問題，因為一籃子備兌證所代表的股份有數隻，並不像單一備兌證那樣只代表一隻股份。以一籃子地產備兌證為例，如果銀行減息，一籃子地產備兌證所代表的地產股，或多或少會上升。結果，整個投資組合價值亦會提升，令到備兌證價格上升。換句話說，如果看好地產股前景，與其買單一地產股的備兌證，倒不如買一籃子地產股備兌證，因為前者靠運氣，贏面較小，後者買方向，贏面較大。

可換股債券

Convertible Bonds

債券，是由政府或企業發行而以固定息率借取長期資金的票據。可換股債券屬於債券的一種，債券持有人可以把債券兑換成股票，這是上市公司集資的一種途徑。

上市公司假如有資金需要，可以發行新股、供股、批股，甚至向銀行舉債或者發行債券。但如果市道疲弱，以發行新股集資，實在不易，而且成本高昂。於是，公司便會考慮發行債券。不過，發行債券也有弊端，就是會導致公司的負債比率（debt ratio）上升。同時，發行債券之後，公司每年都要付利息給債券持有人。若在經濟疲弱的情況下發行債券，公司更要付出高昂的利息，而且，當債券到期時，公司是需要大量現金贖回債券，這樣將會大大增加公司的財政壓力。

為此，便有可換股債券的出現。可換股債券，給予上市公司在發行債券時有另一選擇，由於可換股債券的持有人有權將債券去換股票，所以公司所要付出的利息會較同等年期的普通債券為少。如果公司在發行債券之後，能夠好好運用所籌得的資金發展公司業務，令公司的股價上升，更可誘使可換股債券的持有人去換股，那麼到期之時，公司不但不用贖回債券，反而多了一筆股東資金。而站在可換股債券持有人立場來説，如果股價超越可換股債券的行使價，他便可以換股，得到更多利潤；相反，如果行使價高於股價，債券持有人亦可繼續收取利息。因此，可換股債券是一種進可攻、退可守的投資項目。

盈富基金

Tracker Fund

盈富基金，是指由外匯基金投資公司發售的基金，首次發售的基金總值是333億元。

外匯基金持有大量港股，是由於港府在九八年八月十三日至二十八日期間，動用過千億元買入港股，去抵抗外資淡友力沽港股。港府入市，雖達到救市的目的，但卻令部分投資者懷疑港府藉機干預股票市場。為消除投資者對港府會再度入市干預的疑慮，港府遂決定將手持的"官股"，以基金形式還股於民，凡持有香港身分證人士均可認購盈富基金。

盈富基金在九九年第四季的首次發售價，為每單位作價12.88元，每手基金單位設定為500股，最少買賣手數為兩手（即1000個基金單位）。不過，除了首次認購盈富基金獲5.25%的折讓優惠外，其後無論認購多少個單位，均無權享有上述折讓優惠。

盈富基金的持續發售機制在二○○二年第四季完成其歷史任務。政府經過十三季分批銷售，才出售了盈富基金1408億元資產。出售股票組合的收益及其他收入共帶來890億元的利潤，而組合中剩餘的32億元港股，將會撥入外匯基金作長期投資。

盈富基金優點，在於透明度高，方便投資者計算帳面盈虧，更可在交易時間內，隨時買賣。只要在大利市機，按一按盈富基金的編號(2800)，即可知道其現價如何。其他優點，包括盈富基金手續費不高(買賣的手續費及基金管理費介乎2%至3%)，走勢亦跟恆生指數掛鈎，方便投資者對沖持貨風險及藉此套戥。

投資盈富基金之前，最重要是預計投資的回報及風險。簡單來說，首次認購盈富基金的預期回報，是將預期恆指的未來走勢，扣除盈富基金賣價與恆指可能出現的折讓後（從上市最初幾天交易所見，折讓是少於1%），再將認購基金的折扣率金額（如

5.25%)、經紀回佣（首次發售的上限設定為2.25%，並非必獲回佣）及預計紅利（持盈富基金一年不放可獲5%紅利，連續持有兩年，再獲派紅利6.7%）、派息（相等於恒指成分股的派息，每年平均約為3.5%）等金額加入算式之內即可計算出來。與此同時，投資者還可參與紅股計劃，持有滿一年後，獲得20送1紅股；而持有滿兩年後，獲得15送1紅股。另外，盈富基金每半年派息一次，分別為每年5月及11月。

投資盈富基金的風險又如何呢？事實上，基金價格可升亦可跌，世上沒有必賺的投資，政府並不會擔保箇中盈虧。投資與否，一切要看回報與風險是否成正比。

投資盈富基金須知事項

1. 只在首兩年設有特別紅股機制，由第三年起，視乎基金管理人基金派發紅股與否。
2. 一般藍籌股可以作抵押品，但若以盈富基金作抵押，實質會喪失投資者原先的紅利權，因貸款機構為了保障本身利益，會把作抵押品的股票轉至其公司名下，將代理人（nominee）改成貸款機構的名字。
3. 除了是因為擁有人過世，作為遺產轉讓或是聯名人之間轉讓，任何已經轉名的基金，都會喪失所有分紅權。轉名手續，可在中央證券登記有限公司辦理。
4. 雖然盈富基金設有贖回機制，但有別於其他基金，投資者不可以直接贖回現金。欲把基金換回股票，再在市場出售套現，最少要集齊100萬個基金單位（即2000手），才可以使用贖回機制。以發售價計算，相當於1,288萬元。
5. 一旦更改恒指成分股，基金管理人會出售被剔除的股份，或進行不超過其資產淨值5%以上的貸款，再逐步在市場買入新加入股份佔恒指比重的股數。
6. 無論認購多少手基金單位，都只會收到一張代表所有以其名義登記的基金單位證書。若要逐手出售，須事前向中央證券登記公司把該份證書拆細。需時約一個星期。
7. 外匯基金投資公司並沒有承諾盈富基金有固定的年息率。理論上，盈富基金的收入，主要為恒指成分股公司所派的股息。一般來說，成分股公司過去的平均年息率，約為2.5%。盈富基金每半年派息一次，分別為每年5月及11月。
8. 一般經紀行，要一至二天核證基金證書，才可完成出售。一般銀行則須要長達十個交易天的核證期，視乎客戶與銀行關係而定。

盈富基金網址：http://www.trank.com.hk

單位信託基金

Unit Trusts

基金在美國稱為互惠基金（Mutual Funds），而英國則稱單位信託基金（Unit Trusts），是一種投資工具。

基金是由投資公司的基金經理負責管理的，而基金的投資項目可以是債券、外幣、股票、期貨、期權、黃金及其他投資項目。購買基金的其中一個原因，是因為基金的投資方式可以分散投資風險。例如，恒生指數是香港股市的指標，一般人如果想根據恒生指數成分股佔恒生指數的比重去購買成分股，從而組成一個恒生指數成分股的投資組合，相信沒有二、三百萬以上是不行的。不過，如果不想投資那麼多金錢去分散風險，其實亦可購買恒生指數的基金，以達致分散風險的目的。

通常基金的價格，是以每一單位計算，而每個單位的幣值，以美元結算為多。購買基金，是有最小認購額；基金公司的最小認購額，既有一萬元港幣的，也有一千元美金的。投資者只需付出小量金錢，就可以達到分散風險的目的。購買基金需要付出的買賣費用，由零至百分之六不等。另外，每年基金公司亦會抽取一個百分比，作為管理基金的費用。因此，基金的買賣費用較股票為高，是一種適合長線投資的工具，而不適宜作短線炒賣。

投資者把資金交託基金投資，有以下好處：

(1) **分散投資**——透過基金集腋成裘，投資者作小額投資，就可以間接參與全球金融及股票市場的買賣，投資途徑得以擴大，令投資更加靈活。

(2) **可獲專業協助**——藉着基金的人力資源，以及基金經理的投資經驗，投資者無須因顧慮自己經驗不足而避免多方面投資。

(3) **減少風險**——透過分散投資、擴大投資途徑，持倉風險可以大為減少，因為基金的投資組合很少會出現“全軍盡墨”的情況。

(4) **減省手續費和時間**——由於基金投資組合龐大，投資者間接減輕分散投資應繳的手續費。同時，基金經理亦可代辦轉名過戶、收息等繁複手續。

(5) **套現能力強**——透過基金經理維持第二市場的活躍性，投資者可按個人需要，隨時按報價出售全部或部分單位投資，套取現金。

目前，香港的投資基金，大部分以單位信託形式經營。其運作情況是：單位（units）持有人（即買入單位基金的投資者）透過信託人(trustee)監管基金的投資工作；而專業投資方面，則全權由基金經理人(manager)負責。不過，需注意，全盤投資雖由基金經理代為投資，由信託人代為監管，但一切風險最終仍由受益人（即單位基金持有者）自負。

倫敦港股

London Market for Hong Kong Stocks

倫敦港股，是指在倫敦交易所掛牌，並透過自動報價國際系統顯示報價的香港股票。香港二十九隻藍籌股均在倫敦掛牌。在交易場內，是採取莊家制買賣，每隻藍籌股平均有八個莊家開出買賣價。

倫敦港股的買賣，可謂延續港股收市後藍籌股的買賣，原因是倫敦市場的交易時間，剛好在香港市場收市後的一段時間。

倫敦港股與香港藍籌股平常較少彼此牽引的關係，但當外圍突變或香港收市後有重大消息公佈，倫敦港股的走勢便率先有反應，並對香港市場跟着的交易日表現有影響。例如香港銀行公會在周五議息後突然宣佈減息，倫敦港股的股價很多時會被掃高，以反映上述利好消息；若其他外圍因素未有大變，香港股市在接着而來的周一開市時一般都會跟隨倫敦港股造好。

另外，部分機構投資者更會藉兩地股價出現較大差異時，從中“高沽低揸”，以套戥方式賺取差額利潤。

倫敦港股參考指數周線圖（1995 年 12 月至 2002 年 8 月）

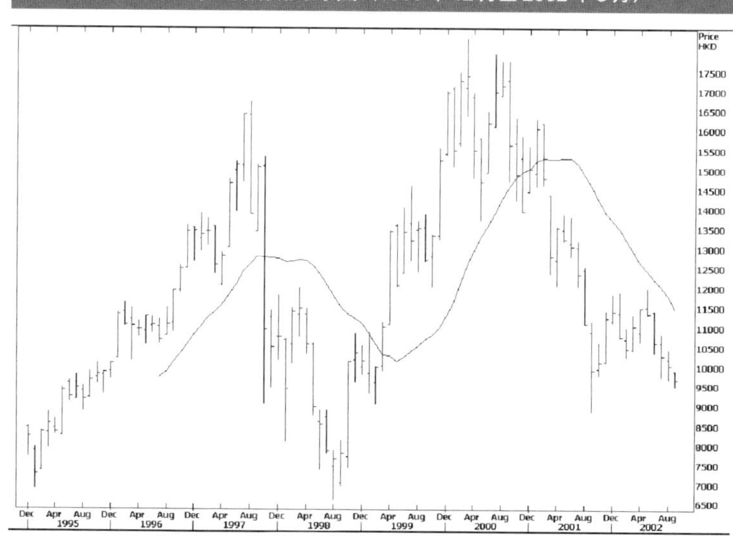

二十九隻倫敦港股一覽表

編號	股份		佔倫敦恒生指數比重
0013	和記黃埔	HUTCHISON WHAMPOA LTD.	12.941%
0941	中國電信	CHINA TELECOM (H.K.) LTD.	12.414%
0005	匯豐控股	HSBC HOLDINGS	11.595%
0008	香港電訊	CABLE & WIRELESS HK TELECOM	9.230%
0011	恒生銀行	HANG SENG BANK	7.756%
0016	新鴻基地產	SUN HUNG KAI PROPERTIES LTD.	7.095%
0001	長江實業	CHEUNG KONG	6.992%
0002	中電控股	CLP HOLDINGS	3.936%
0012	恒基地產	HENDERSON LAND DEVELOPMENT CO.	3.185%
0003	中華煤氣	HK & CHINA GAS	2.309%
0006	港燈集團	HK ELECTRIC	2.250%
0004	九龍倉	WHARF HOLDINGS	2.220%
0293	國泰航空	CATHAY PACIFIC AIRWAYS LTD.	2.132%
0267	中信泰富	CITIC PACIFIC	2.105%
0017	新世界發展	NEW WORLD DEVELOPMENT	1.790%
0019	太古洋行A	SWIRE PACIFIC A	1.696%
1038	長江基建	CKI HOLDINGS	1.591%
0054	合和實業	HOPEWELL HOLDINGS	1.079%
0023	東亞銀行	BANK OF EAST ASIA	1.055%
0101	淘大置業	AMOY PROPERTIES	0.980%
0020	會德豐	WHEELOCK	0.924%
0291	華潤創業	CHINA RESOURCES	0.917%
0069	香格里拉	SHANGRI-LA ASIA	0.736%
0363	上海實業	SHANGHAI IND HOLDINGS	0.699%
0142	第一太平	FIRST PACIFIC	0.682%
0083	信和置業	SINO LAND	0.637%
0010	恒隆	HANG LUNG DEVELOPMENT	0.532%
0014	希慎興業	HYSAN DEVELOPMENT	0.485%
0041	鷹君	GREAT EAGLE HOLDINGS	0.291%

* 資料截至 1999 年 8 月 23 日

買賣須知

交通銀行
香港分行
中信泰富 13.400 13.450
粵海投資 1.060 1.070
華潤創業 8.950 9.000
國泰航空 7.650 7.700
上海實業控股 11.450 11.500

股票市場

Stock Market

股票市場，即股票轉手、買賣及上市公司配售或發售股票的地方。若按性質劃分，股票市場可分為下列三種：

(1) 第一市場 (primary market)

第一市場，是幫助新舊上市公司集資。新股獲聯交所批准上市申請後，均會尋求投資銀行 (investment banker) 或商人銀行 (merchant banker) 協助上市，提供專業知識，以便在公開招股時，獲得較佳反應。投資銀行或商人銀行所提供的專業服務，包括安排貸款、保薦人、承銷商，建議招股價、市盈率及公開招股的分配等；另外，又會邀請基金、機構投資者、相熟證券行等認購新股。

若處大牛市，無論認購倍數如何，有實力的商人銀行、包銷商及承銷商等都會傾向在新股上市當日或最初數日維持秩序，力托股價在合理水平。不過，若遇着市場氣氛逆轉，新股上市當日的走勢則未必能維持在合理水平以上，此時投資者不宜過分憧憬。

對於已上市公司而言，它們若希望集資發展或還債，均會透過第一市場直接批股 (direct placement) 予有關連的人士，或向現有股東提出供股 (right issue) 要求，有意認購者可按供股比例認購新股。

(2) 第二市場 (secondary market)

當股票經第一市場轉手後，持股者有權在第二市場自由轉讓，只要有買家需求便可。透過大利市機的自動對盤系統，買賣雙方的交易盤將自動配對。當交易完成，賣方的股票將轉給買方，而賣方則可兑回現金。

（3）場外交易市場（over-the-counter, OTC）

場外交易，即並非在聯交所及期交所進行買賣的交易。換句話說，場外交易市場並非法定的交易場所，但可供投資的工具卻往往較場內的為多，除股票、債券、認股證、期指、期權等常見投資工具外，其他的只要買賣雙方商定條款，場外交易便可達成。在這種市場下交易，好處是買賣兩方各得其所，但缺點是透明度有限。值得注意的是，場外交易市場對第二市場是有一定影響，這點投資者不能忽視。

牛市

Bull Market

牛市，即上升市。當股票市場的升勢持續較久，市場資金極之充裕，各類股份大升，以至一些質素較差的二、三線股及莊家股亦備受追捧，此種市況便稱為牛市。

牛市的出現，與基金及股民情緒樂觀，看好經濟及股市走勢，不無關係。牛市來臨前，大市走勢最初並未有大方向，期間的市況可以是牛皮市（即股價橫行整固）或反彈市（即股價反覆上落爭持），甚至是熊市（即跌市）。但當恒生指數正式升穿二百五十天平均線這牛熊分界線，而日後每當觸及該線時均出現強力支持，這便可肯定牛市來臨。此時，投資者應積極買入具上升潛力的優質股票，因牛市期間大部分市況均是大漲小回，股價會持續創新高。若投資者經驗尚淺，為免冒險，可以選買藍籌股，挑選其中市值較大的優質股購買，因市值大的話，其股價走勢會與升市走勢相若。

升市的特徵是：期指持續高水、基金持港股比重增加、股民情緒高漲、游資多、利息低、市場傳聞甚多、整體股票上升數目較下跌的為多、投資人數倍增等。為賺盡升幅，投資者將分散投資各種不同工具，如購買認股證、期指及期權等，而買賣手法亦包括短炒、長揸、即日鮮、以孖展買賣等。不過，由於各種投資工具及手法均有不同程度的風險和回報，投資者宜量力而為。

凡牛市已延續了半年至九個月，投資者就應要步步為營，因牛市可能會出現疲態，市場資金或會因上升空間有限而開始流走；牛市將盡，隨之而來將是熊市。

基本上，牛市見頂前，會有多項徵兆，例如：是次升浪的調整幅度首次超過31.8%，十天或二十天平均線跌穿五十天平均線，大市往績市盈率升至（或接近）歷史高位，股民情緒過分樂觀，貨幣供應收縮，利率上調，形態走勢出現雙頂、頭肩頂或圓形頂等見頂回落訊號。一旦恆生指數正式跌穿重要分界線，如二百五十天平均線，即顯示熊市來臨，而該線亦將成為日後的重要阻力位。

熊市

Bear Market

熊市，即下跌市。若跌勢持續頗久，沽售壓力極大，則稱之為大熊市。跌市的特徵是：

市況持續小漲大回，甚至反覆向下。有見及此，投資者應一股不留，減少股票帳面金額的潛在下跌機會。若看不清市況，應減少買入股票，以免蹤上"越跌越買，越買越跌"的情形。若自問有實力，又肯嚴守止蝕，則可考慮候低買入防守股、認沽證及認沽期權、現金極充裕的股票、資產股（即股票的現價較每股資產淨值有大幅折讓）等，再趁高沽出套利，實行"低揸高沽"。

熊市見底前，將有下列特徵，包括：基金持現金比率達30-40%以上，港股市盈率跌至歷史低位(如六倍水平)，貨幣供應增加，股民極度悲觀，利率從高位回落，形態走勢出現頭肩底、雙底或圓形底等見底回升訊號。

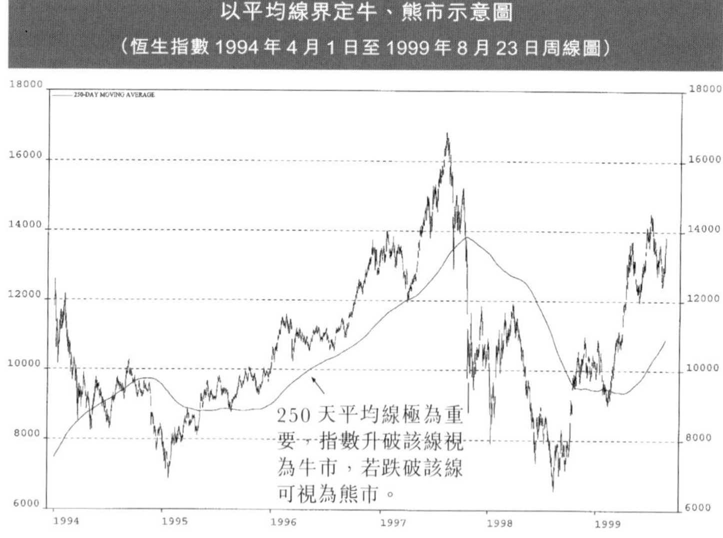

以平均線界定牛、熊市示意圖
（恒生指數1994年4月1日至1999年8月23日周線圖）

註：除以250天平均線界定牛、熊市外，亦有投資者以150天平均線作分界線。

現金戶口 / 孖展戶口

Cash Account / Margin Account

買賣股票，股票戶口一般可分為兩類：(1)現金戶口及(2)孖展戶口。

如以現金戶口買賣，投資者需繳足所有買賣股票的款項，並要嚴格遵守香港股票的交收制度。例如投資者今天購入股票，由於港股交收為 T ＋ 2 ，即後天便要交收。所以，買入股票的款項，需要在後天之前，存入經紀行，方便他們進行交收。如果投資者在今天沽貨套現，以現金戶口買賣，理論上後天才能取回金錢，因此他不能以今天沽貨所預計得到的款項，即時轉購其他股票。特別是銀行，它們代客買賣股票的規定很嚴格，如果現金戶口沒有足夠存款，是不能買賣股票的。就算今天已沽出股票套現，但在資金未回籠前，投資者也不能購入股票，除非戶口有其他現金結存。

相反，孖展戶口便靈活得多。孖展戶口，正確名稱為按金戶口。以孖展戶口買賣，如果投資者今天沽出股票，雖然資金應該在兩天後才回籠，但投資者仍可以以預期收取的資金去購入其他股票。同時，由於孖展戶口是一種財務戶口，在資金一出一入而有時間差時，股票經紀行亦會預支資金以供交易結算之用，方便交易完成。當然，有些經紀行會收取有關資金在期間的利息。

此外，“孖展”又有槓桿投資的意思，投資者可利用孖展戶口作槓桿投資；例如股票可按五成，投資者把 100 元股票放進孖展戶口，便可按 50 元；如果把 50 元用作購買股票，再按予經紀行，便可再套現 25 元。餘此類推，最終 100 元的股票可多按 100 元。如此，即用100元的資金，最終可購買多至200元的股票，也是說把投資金放大一倍。不過，如作這種槓桿投資，孖展戶口持有人是需要繳付有關利息。

股票孖展

Share Margin

如果擁有一個孖展戶口，就可進行股票孖展買賣。

為賺取更多佣金，個別經紀行及銀行股票部都會准許熟客作孖展買賣，即持有股票者可獲批孖展額，然後他們可以利用以小控大的方式進行買賣。對孖展額，經紀行審批一般較為寬鬆；同一批股票，客戶在經紀行所按的孖展額往往較在銀行為高。因此，在旺市期間，股民為爭取賺快錢的機會，多會傾向在經紀行開設孖展戶口作買賣。

將股票按孖展，所按孖展額也會因市況不同而有異，亦會隨股票市值升跌而有變。若處牛市或息口較低時，藍籌股一般可按50－70%的孖展額，紅籌股及國企股一般可按30-40%的孖展額，而二線股的孖展額普遍小於30%，其餘三、四線股，莊家股及認股證一律不予按揭。

孖展這種槓桿式的投資，在牛市時的利潤可以很大。例如股價升一成，通過孖展戶口放大兩倍，投資回報就變成兩成，利潤可以增加一倍（當然還需扣除借貸的利息）。可是，當股市下跌時，投資者損失也更大。只要股價下跌五成，投資者所投入的資金便會全部化為烏有。如果股價繼續下滑，例如再跌兩成，投資者更要再加資金"填數"(即所謂"補倉")。由此可見，進行孖展買賣，回報很高，但風險亦很高。

概括而言，在進行孖展買賣前，投資者需留意下列情況：

(1)如息口上升，就要避免做孖展，因為息高必扯高利息成本，同時亦不利股市走勢。

(2)當市況逆轉，投資者應改以現金戶口買賣，因逆市中進行孖展買賣，風險極高，隨時全軍覆沒。

（3）若處熊市，投資者宜將持倉從孖展戶口轉至現金戶口，或將股票轉往較穩健的經紀行，以防市況差時，經紀突然倒閉，令投資者存於其孖展戶口的股票血本無歸。〔註〕

～～～～～～～～～～～～～～～～

〔註〕當經紀行清盤，孖展戶口的客戶是不能提出取回股票，因為他們被視為無抵押的債權人。

大利市機

Teletext

凡沿用“大利市”交易報價系統，直接透過AMS/3新交易系統，接收專為經紀投資者及其他市場參與者提供的支援服務，這些報價機均一律泛稱為大利市機。

大利市機內的資料大致可分為四類，包括：

（1）股票現況

全日最高價(high)——該欄的價格為交易時間內的最高價。該股如上升動力足夠，將會不斷持續向上創最高價；反之，該股若上升至全日高位，即掉頭回落，顯示該股在高位支持乏力。

全日最低價(low)——該欄的價格為交易時間內的最低價。該股股價如持續向下，顯示沽售壓力不輕，投資者宜待股價在某水平或支持位企穩後，才應考慮買貨。相反，若該股上升動力足夠，股價在全日最低價的時間會極短促，因為在低位有投資者大手進貨，把股價重新推高。

大利市機基本編號索引表

編號（頁碼）	內容
782	恒生國企指數、中型股指數及恒生分類指數報價
783	恒生指數成交
785	港交所恒指及股票期貨
786～787	恒生指數期權
788～789	指數、成交量、所有普通股分類
3000～3001	股票期權目錄
3200～3203	小型恒生指數期權
7701～7703	股票掛鈎票據目錄

註：上述為基本索引，但非所有大利市報價機均利用上述索引提供內容，因各種大利市機的報價形式有別。

上日收市價（previous close）——此價格為上一個交易日的收市價，對短線投資者而言，上日收市價屬極短線支持位。若股價當日高開後，隨即跌穿上日收市價，"即日鮮"炒家會傾向即時止蝕，有意買貨者亦會暫時擱置進貨計劃，直至該股有力回升至該價位以上。

股票價位變動表

股價（元）	上升 / 下跌價位（元）
0.01 － 0.25	0.001
0.25 － 0.50	0.005
0.50 － 2.00	0.01
2.00 － 5.00	0.01
5.00 － 10.00	0.01
10.00 － 20.00	0.02
20.00 － 30.00	0.05
30.00 － 50.00	0.05
50.00 － 100.00	0.05
100.00 － 200.00	0.1
200.00 － 500.00	0.2
500.00 － 1,000.00	0.5
1,000.00 － 2,000.00	1
2,000.00 － 5,000.00	2
5,000.00 － 9,995.00	5

現價（nominal）——現價即現時成交的價格。該價宜與全日最高價、最低價及上日收市價作一比較。

總成交股數（shares turnover）——又稱成交量。若處牛市，個別二、三線股的成交量往往十分驚人。以此數據與已發行股數比較，可推測"即日鮮"盤估該股當天成交量多少。

（2）相關資料

相關衍生工具（link）——凡屬該股衍生工具者，如認股權證、備兑認購證(或備兑認沽證)、供股權等，均列於此欄內，讓股東或一般投資者參考。

#——此欄內資料由聯交所或中央結算公司刊登，如停牌(suspended)、復牌（trading resumed)、除淨（ex-dividend)、業績公佈日期、其他相關資料的刊登頁數編號、警告（warning）等。

股份英文及中文名稱

股份編號

```
佳訊 投資寶 SmartQuote 3.02 Hotline:29286345          23/04/1999  17:29:03
 [  ] 1138  CHINA SHIP DEV   中海發展股份
HIGH          1.01  TICKS          1274 P/E       :     N.A.  HSI  :  12905   -28
LOW           0.88  15:59   400K   0.890 YIELD    :    0.00%  HSS  :  12830  -155
PRV CLOSE     0.97  15:59Y   60K   0.880          BID                  ASK
DAY CLOSE     0.89  15:59    18K   0.890 7158 6820          3939 4709 6010 8769
CHANGE       -0.08  15:59   2000   0.890 0832  -3s          +1s 3130 1855 9040
             -8.24%      BID       ASK   2552 1789          3312 0069 1789 4660
SHARES TR   76.58M       0.88      0.89  3417               3860 0939  +4s 2316
TURNOVER    72.83M  SHRS(ORD) SHRS(ORD)  4420               0170 0170 6938  +5s
SPREAD 0.01 /0.01   480K( 5)   48K( 1)   -1s                8837  +3s 8939 6829
LOT SIZE      2000  400K( 3)  620K( 6)   1879               7460 8130 4709 3765
CURRENCY    HKD(0)  100K( 1)  986K( 6)   1799               6889 8274 6010 6980
H# MEET ON 28/4/99  200K( 1)  430K( 7)   2552                +2s 8938 6010 6820
FOR FIN RES             (  )  780K( 10)  -2s                1685 7399 5368 6226

NET PROFIT   :  -69.70M  52 WK HIGH :    0.000  SHR H. EQUITY :    3.59B
NET PROFIT %:    -2.29%  52 WK LOW  :    0.000  R.O.E.        :   -1.94%
MKT CAP      :    1.14B  EPS ($)    :   -0.028  TOTAL ASSETS  :    8.64B
ISSUED CAP   :    1.29B  DPS ($)    :    0.000  R.O.T.A.      :   -0.80%
                                                TURNOVER      :    3.04B
LINK

[    1135] hit   UP LIMIT   14.000 (  14.000) press F5 for details
```

全日最高價

全日最低價

上日收市價

今日收市價，若以"Nominal命名，代表即市成交價

變幅（元）
（%）

總成交股數

總成交金額

買賣差價

每手股數

貨幣

H，代表屬可沽空股份

#，屬中央結算

上市公司所有刊發資料，如停牌、復牌、派息等，表內例子資料是末期業績公佈日期

恆生指數現價及升跌

即月期指現價及升跌

與正股有關連的備兑證、認股權證、供股權證等衍生工具編號均放於此欄

Bid，即市買入叫價
Ask，即市賣出叫價

（ ）數字，即願意以此價格沽出股票的經紀人數

最近四宗交易紀錄：

- 每行提供資料，最多為四項，分別是時間、成交方式、股數、成交股價。
- 以第二宗交易紀錄作例子。成交時間是15：59，成交方式是同一間行兩邊客的自動交叉盤（因字母是Y），成交股數60,000股，成交股價則是0.88元
- 成交方式字母簡釋：（詳見新舊成交方式表例）

  D＝隔夜尚未執行的買賣盤，在開市後15分鐘內完成，或是碎股成交。
  M＝經紀行與經紀行間的買賣盤，如射倉。
  Y＝同一間經紀行的自動交叉對盤。

- 買入（Bid）欄中，以即市買入叫價（即0.88元）排隊買入的人數共5個（即括弧數目），排入股數共達480,000股。
- 沽出（Ask）欄中，以即市沽出叫價（即0.89元）排隊沽出的人數只有1個（即括弧內數目），掛出股數共達48,000股。
- 股數簡稱：

  K＝千股　M＝百萬股　B＝10億股
- 即市買入叫價之下，另有四欄買家排隊，每欄買家願意以低於上一欄買入叫價去排入買盤。同樣，即市沽家叫價之上，另有四欄沽家排隊沽貨，每欄沽家均願意以高於上一欄沽出叫價的股價去掛出沽盤。

買賣欄經紀行的掛牌情況：

- 框內顯示以即市買入叫價排入買盤的經紀行有四間，以即市沽出叫價掛出沽盤的經紀行有一間，並按先後次序將經紀行編號列出。
- －1S，代表願意以低於即市買入叫價一個價位排入買盤的經紀行編號及數目。

  －2S，代表願意以低於即市買入叫價二個價位排入買盤的經紀行編號及數目。
  ＋1S，代表願意以高於即市沽出價一個價位掛出沽盤的經紀行編號及數目。
  ＋2S，代表願意以高於即市沽出價二個價位掛出沽盤的經紀行編號及數目。
- 買入欄中，掛牌最多以低於即市買入叫價四個價位排入，即－1S、－2S、－3S、－4S。沽出欄中，掛牌最多以高於即市沽出叫價四個價位排沽，即＋1S、＋2S、＋3S、＋4S。

~~~~~~~~~~~~~~~~

＊ 資料來自佳訊投資寶 Smart Quote
~~~~~~~~~~~~~~~~

（3）落盤前須知

買入叫價（bid）及**沽出叫價**（ask）——買入叫價，屬即市買入價。將買入盤掛入該欄後，須待沽家肯以該價格沽貨，買賣才成交。若想即時買入，應以市價買盤掃入，承盤價一般是即市沽出價。將沽出盤掛出後，須待買家肯以該價承盤，買賣才成交。若想即時沽出，應以市價沽盤掛出，承盤價一般是即市買入價。一般來說，股價若非跳動極快，買入叫價與沽出叫價通常僅相距一個差價（spread）。

每手股數(lot size)——指每手買賣的最低限額股數。買賣時的股數最好以每手股數的倍數計算。

買入（bid）**欄及沽出**（ask）**欄**——左邊列出買入叫價及低於該價的四個價位限價買盤的掛入股數，而各行括弧內的數字為每個價位的買入經紀人數。右邊列出沽出叫價及高於該價的四個價位限價沽盤的沽出股數，各行括弧內數字為每個價位的沽出經紀人數。從各價位的股數及人數，可推測買家及沽家的實力，例如單一買家掛入過百萬股，顯然並非是散戶。至於最低一行數字，則為買入盤及沽出盤的總股數。若沽出股數遠高於買入股數，而沽出叫價的沽盤佔其中的比例亦很高，則顯示該股的沽壓不少。

買賣輪候情況——螢幕內右下角∞欄，每邊列出買入及沽出經紀的編號。以買入欄為例，–1S以上編號，列出買入叫價內排入經紀的編號，–2S列出掛入低於買入叫價兩個價位限價買盤的經紀編號，如此類推。至於在沽出欄，+2S列出掛出高於沽出叫價兩個價位限價沽盤的經紀編號，如此類推。從該兩欄，可見大證券行掛入買盤或掛出沽盤的情況，對投資者具有一定參考價值。另外，落盤者亦可在這兩欄中看到經紀的掛盤效率，以及確知已落買盤或沽盤有否完成。

最近四宗成交紀錄——每宗新近紀錄都會列出成交股數和時

新舊成交方式表例

成交方式		公開交易種類		非公開交易種類		備註
		新	舊	新	舊	
自動對盤	非兩邊客	n/a	n/a	A	A	
	兩邊客	Y	X	AX	AX	
非自動對盤（價格在正常範圍內）	非兩邊客	M	M	M	M	
	兩邊客	X	X	MX	MX	
非自動對盤（價格不在正常範圍內或不跟價位）	非兩邊客	M	S	S	S	
	兩邊客	X	S	SX	SX	
特別買賣單位成交	非兩邊客	M	S	Q	P	
	兩邊客	X	S	QX	PX	
碎股成交	非兩邊客	D	S	P	P	
	兩邊客	D	S	PX	PX	
半自動對盤特別買賣單位	非兩邊客	M	S	E	O	
	兩邊客	X	S	EX	OX	
半自動對盤碎股	非兩邊客	D	S	O	O	
	兩邊客	D	S	OX	OX	
海外	非兩邊客	n/a	n/a	V	V	PRE/SP BUY TRAN 或 PRE/SP SELL TRAN（海外成交欄設定為Y）
開市前（成交在早市開始前已達成）	非兩邊客	P	n/a	R	n/a	PRE/SP SELL TRAN（海外成交欄設定為N）
	兩邊客	P	n/a	RX	n/a	

備註：改動以灰網地顯示

間。個別情況，將見到S上板，代表特別成交(special trade)，例如經紀間直接交易、股價處低水平頻見特別成交或是莊家有收集舉動等。至於×上板，則代表交叉盤（cross trade)，即同一間經紀行將同價買盤及沽盤對數，進行交易。

（4）其餘參考

包括恆指及期指走勢、大市成交額、現貨期指成交張數等。

市價盤

Market Order

市價盤，俗稱"Market盤"，指即時執行不限價的買賣指示。凡投資者希望即時買入或沽出股票時，均會利用市價盤向經紀落盤，以便即時執行指令。

投資者之所以寧願付出較高價錢買入股票（若非市況波動，市價買盤一般等於沽出叫價，或高出沽出叫價一個價位），全因恐怕買不到心目中的股份，或由於需回補沽空股票以作止蝕。相反，投資者寧願以較低價錢沽出股票（若非市況波動，市價沽盤一般等於買入叫價，或低於買入叫價一個價位），全因個別投資者見股份已跌穿止蝕目標，或孖展客戶因孖展按金不足，需即時斬倉所致。

顧名思義，市價盤是即時執行的買賣指示，故當投資者向經紀以市價盤落盤後，該名經紀應即時透過自動對盤及成交系統，將客戶的買盤或沽盤即時輸入，以便交易可盡快自動配對。完成買賣後，經紀亦應盡快向客戶回覆（俗稱"覆盤"）。假如市況不是太波動，個別經紀更可能會要求投資者暫不掛線，因其市價買盤（buy market order）或市價沽盤（sell market order），可以在短時間內完成。不過，市價盤是否能夠切實執行，實屬未知之數，需視乎市況變化及該經紀的能力如何。

不過，縱然急於買入心目中的股份，投資者在向經紀要求執行市價盤前，還是最好先問清楚該股現時的買入叫價或沽出叫價。若兩者相距極大，或該股股價當日被人刻意托高，投資者所落的市價買盤，可能會較沽出叫價高出幾個或以上的價位始能完成交易，這樣所需的成本將增加。在買入成本較預期為高的情況下，投資者的風險自然提高，而其投資勝算就會被拉低。同樣，若不問價向經紀指示即市沽盤，也會有沽出價格比預期為低的情況出現。

限價盤

Limit Order

市價盤是以市價進行買賣，以經紀進行交易時所做的股價為依歸。市價盤的好處是交易快捷，在短時間之內便可完成交易。不過，市價盤亦有弊處，特別是市場大幅波動時，經紀購入股票的價格，往往較投資者預期為高，而沽出股票的價格，又往往較投資者預期為低。

如果投資者希望買賣股票時的成交價有一個預算，他可以用限價形式落盤。例如投資者想以 100 元或以下的價錢，購入一手匯豐（0005），他可以向經紀作出一個匯豐的限價盤，限價定為100元。如果經紀在大利市機看見匯豐股價在100元或以下，他便替投資者進行交易；相反，如果匯豐的股價高於 100 元，這宗交易便告吹。以限價盤買入的好處，是投資者所購入的股票價格不會超越心中的預算。

同樣地，投資者可以設立一個沽出股票的限價盤，例如以110元沽出一手匯豐。如果匯豐當時成交價為 110 元或以上，這個限價交易便進行；相反，如果現價低於限價所訂的 110 元，交易便告吹。使用限價盤沽出股票的好處是投資者可以有一個預算，不會以低過限價盤所訂的價位去沽出股票。

不過，無論是以限價盤買入還是以限價盤賣出，都有一個缺點，就是不能保證交易成功，因為交易成功與否，需要視乎市況如何。

止蝕盤 / 止賺盤

Stop Loss Order / Stop Profit Order

顧名思義，止蝕盤是指停止虧損的交易指令，為求保住本金，精明的投資者宜在投資個別股票前先訂定止蝕沽盤 (sell stop loss order)。若不幸股價不升反跌，當下跌至止蝕盤價位，投資者即需當機立斷，向經紀以限價沽盤掛出股票，甚至以市價沽盤即時沽出股票。

相反，即使股價如預計般向上，但為免帳面利潤因市況逆轉而化為烏有，個別投資者宜逐步推高原先止蝕位，以便"鎖死"部分帳面利潤。由於股票現價已高於買入價，持倉已錄得帳面利潤，此時"止蝕位"將改稱為"止賺位"。至於其沽出辦法與上面相若，即當股價跌至推高了的止賺位時，投資者即掛出或沽出股票。

看好股價上升，當然可以買入股票；但若看淡個別股份走勢，投資者亦可考慮沽空聯交所允許拋空的股份（即在大利市機上有H＃符號者）。只要沽空前，先要求經紀代辦即可。不過，沽空股份需先付按金，並要每天繳付利息。如以孖展操控沽空股份，訂定止蝕買盤 (buy stop loss order)，將可避免無限風險及損失。若不幸"買錯邊"，股份不跌反升，投資者便需按擬定價格，以止蝕買盤平倉（即買入股份補倉）。

除有止蝕盤外，也有止賺盤。止賺盤的用處在於預先訂定目標價，當股價觸及該價位時即沽出或掛出止賺沽盤(sell stop profit order)，將帳面利潤套現。

假如該股上升動力十足，而升勢亦獲大成交量配合，投資者可趁升勢未盡，將止賺位及止蝕位同時提高，目的是在"鎖死"部分利潤之餘，又可盡量賺得更多。

同樣，若沽空股份，為減低風險，慎防市況逆轉，個別投資者宜預先訂定止賺沽盤（buy stop profit order），若股價下跌至某水平即止賺套現。

至於訂定止蝕盤和止賺盤價格，最好同時運用技術指標、形態走勢去分析該股及整個大市方向，另外並要考慮其他基本因素如何，才作決定。

收市價

Closing Price

收市價是股票的一項重要數據，因為有許多投資工具，都是以收市價結算的。例如，每日股票基金會以所投資股票的收市價計算基金的每個單位資產淨值。

既然收市價是那麼重要，究竟聯交所有甚麼措施防止有人操控收市價？事實上，如果收市價以最後一宗交易成交價去計算，股票的收市價便很容易被人操控。因此，為避免收市價完全操縱於最後一宗交易的成交價，香港股票的收市價是以交易日最後一分鐘內所選取的五個按盤價（nominal price）的中位數計算的。

香港的股市交易，是在每個交易日下午四時正結束。聯交所的交易系統會由下午三時五十九分正開始，每隔十五秒錄取股份按盤價一次；換句話說，一共會錄取五個按盤價。所謂按盤價，是根據當時的買盤價、沽盤價及最後錄得的成交價計算出來的。

如果想清楚了解按盤價是怎樣計算，讀者可參考由港交所編訂的《交易所規則》。而收市價計算的範例，則可在港交所的網頁或大利市機的資料頁中找到。

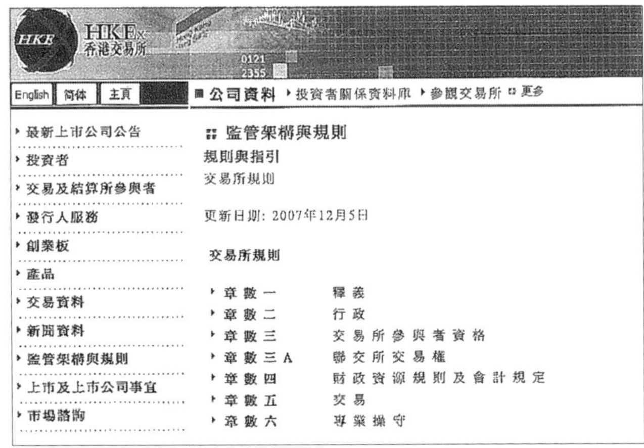

註：在港交所網頁：http://www.hkex.com.hk/rule/exrule/exrule_c.htm，可尋找到交易所規則的詳細資料。

結算價

Final Settlement Price

結算價，主要應用於期指或期權市場，若持倉未在結算日前平倉，有關衍生工具的結算價與買入價的差價，將是投資者應收取或付出的差額。

無論期指（如恒指期指、紅籌期指等）或期權（如恒指期權、紅籌指數期權、股票期權等），結算價均以結算日（即該月最後交易日前的一個交易日）每分鐘報價的平均數為依歸，並調整至最接近的整數點子計算。換句話説，若當日波幅有限，結算價應在某水平窄幅上落；反之，若該日波幅極大，未有平倉者的投資風險就會變相增加，因結算價的波幅也會同樣極大。有見及此，大部分買賣期權或期指者均會在結算日前平倉，以免錯失主動權。

以期指市場為例，假設投資者在8,000點買入即月期指，並因看好後市，所以決定持倉至最後結算。若即月期指的最後結算價為9,000點，以此計算，投資者將可獲利1,000點；以每點50元計算，即可獲利50,000元。

碎股

Odd Lot

在香港買賣股票，最小的交易單位為一手(one lot)，而一手股票有多少股，就要視乎個別股票而定。例如匯豐控股(0005)，一手便要400股。如果投資者要買匯豐的股票，最少要一手，即400股。長江實業(0001)、新鴻基地產(0012)及恒基(0016)等，則一手要1,000股。而大部分二、三線股，每手便要2,000股。至於認股證等衍生工具，有些一手甚至要10,000股。

一手股票有多少股，與股價有一定關係。通常股價大的股份，一手的股票數目較少；而股價較小的股份，一手的股票數目會較多。而"碎股"一詞，是指不足一手(最低交易單位)的股票。

碎股的出現，通常因為股本結構有所改變。例如公司在宣佈業績及派息時，同時宣佈送紅股(bonus shares)，所送紅股就很容易會變成碎股。假設某股份一手是1,000股，該股宣佈十送一紅股；如果投資者持有一手股份，那麼他就可以獲得100股紅股，但這100股紅股便成了碎股。究竟投資者是否可以把這些碎股在市場上沽售？答案是可以的。雖然在聯交所買賣的股份是以一手為單位，但市面上也有一些公司是專門收購碎股，當然所付出的收購價會較市價略低，例如低五至十個價位，但投資者卻能藉此售出碎股套現。而收集碎股的公司，當收集碎股的數目達至一手時，便可化零為整，以較高的價格在市場上沽出。

特別成交

Special Trade

特別成交，即碎股買賣，或經紀間直接交易，既是直接交易，買賣雙方便無須通過市場的自動對盤系統買賣。

凡有特別成交完成，將有"S"這個字母在交易紀錄內上板。凡個別股票或莊家股頻有"S"上板，投資者應加以留意，因為從中可以洞悉莊家背後的活動情況。

若莊家在股價低位頻頻收集，並把持倉以特別成交形式"射"往其他莊家處，這將是該股有機會被炒上的徵兆。

不過，如果該股已呈超買，而在超買期間，股價又乏買盤繼續支持，反而頻見"S"上板，特別成交股數亦頗大，則投資者便需小心。因為這反映莊家可能趁高將持倉"射"往其他莊家處，由其他莊家代為散貨。何以有此舉動呢？原因是：凡炒買莊家股者均會追踪個別經紀牌的盤路及活動，當他們確定有關經紀牌的身分後，就會隨這些經紀牌跟買或跟沽該股。莊家為免自己大手沽貨，會令跟買者即時跟沽，故唯有假借他人之手將持倉派發。

大手成交

Large Transaction

大利市機除了看到股票買入賣出價外，還能看到排隊的經紀及其所需要的股票數量，所以股票交易的透明度相當高。

所謂大手成交，是指一次過成交很多股數，又或者牽涉巨大金額的交易。大手成交沒有絕對的原則，要看個別股份而定，以聯交所每日公佈的成交摘要為例，會列出成交金額五十萬元或以上的交易，方便投資者參考。

有人大手一次地買入或賣出股票，對個別股票走勢必有啟示，這些買賣可能是大戶（機構投資者）或內幕消息人士所造成的。通常啟示有二：

（1）如果大手成交的成交價較先前的成交價高，顯示有人願意掃貨，股票有上升潛力。

（2）相反股價比上一手成交價低，即有人低價沽貨，行情可能偏淡，股價回落機會甚大。

此理論基於大手成交者以大戶居多，而他們對股票的買賣動向，將對股價構成影響。

自動對盤

Automatching

香港聯交所現時所採用的買賣系統，稱為自動對盤系統(automatching system)。透過這交易系統，買方及賣方的盤會自行配對成交。自動對盤系統只接納限價盤（limit order）；所謂限價盤，是指買方或賣方以特定價格落盤。因為是限價盤的關係，自動對盤系統會以買賣雙方的指定價格進行配對。現時，每次輸入自動對盤系統的買賣盤股數最多為四百手，若超過四百手，經紀便需把買賣盤分開輸入。

自動對盤系統達成買賣盤後，便會把已執行的交易即時傳送至買賣雙方的交易終端機，而市場上的大利市機亦能取得該項交易的資料。

目前，透過聯交所進行的買賣盤，絕大部分是以自動對盤系統方式進行買賣的，而小部分非自動對盤的交易，則必須向聯交所申報及向市場發放消息。這些非自動對盤的交易，包括：（1）特別買賣單位及碎股交易；（2）因賣方經紀未能在交收日如期交付而要補購證券的交易；（3）交叉盤（cross trade），即同一經紀行內的自行交易；（4）超逾四百手限額的買賣盤；（5）在交易系統以外完成的交易。

中央結算系統

Central Clearing and Settlement System

中央結算系統，全名為中央結算及交收系統，簡稱CCASS。中央結算系統，屬於一個電腦化帳面交收系統，是用作替代聯交所舊有的“人手實物交收制度”。透過中央結算，有下列好處，包括：

（1）交收時間縮短，積壓延誤的問題迎刃而解。

（2）減少過戶需時的問題。由於股份集中存放在香港中央結算有限公司（Hong Kong Security Clearing Company Limited，簡稱中央結算公司），投資者無須擔心輪候過戶的問題。

（3）以電子化轉帳形式代替實物股票的轉移，減少股票遺失的問題。

（4）取消實物股票交收，節省各方人士及機構的人力資源。

目前，股票均以共用代理人名義登記。若投資者欲改以自己名義登記，成為公司股東，便需先往經紀行“提倉”，將所持有股票提出來，再往該股過戶處辦理登記。上述手續，中央結算公司及過戶處共收取每手 $3.5 的手續費（碎股亦當作一手）。

需要留意的是，以個人名義登記的股票有可能會遺失；同時，一旦要沽貨，投資者需持那些股票往經紀行，較為費時失事。而凡供股、收息、收取紅股等，股東也需親自辦理。

為保障投資者及減少上述弊病，中央結算公司在1998年5月8日開始，為投資者提供戶口服務，引入新系統程序。投資者若採用中央結算公司的“投資者戶口服務”，他們買賣股票，只需先向經紀落盤，然後親自確認股份調撥即可。藉此系統，投資者可完全控制自己戶口內股票的進出，杜絕股票遭盜用的可能。

T + 2

在投資者委託經紀進行股票買賣之後，便要進行股票交收。現時，大部分股票已經透過自動對盤系統進行交易。而聯交所會員（即股票經紀）透過自動對盤系統配對或申報的交易，必須在每個交易日（即 T 日）後第二個交易日下午三時四十五分前於中央結算及交收系統（CCASS）完成交收。這個交易日後第二個交易日須完成交易的規條，一般稱為"T + 2"，即交易日或買賣日加兩個交易日。

既然證券交收是"T + 2"，為何有些證券公司在口頭確認落盤後便要客戶立即付錢呢？主要原因是，"T + 2"的安排只是聯交所與其會員經紀之間的協定，而投資者在確認交易之後何時付款，是視乎個別經紀行的安排。通常，如果投資者所擁有的是現金戶口，而戶口內現金又不足的話，一般經紀行會要投資者在確認交易之後，立刻付款；這是為了減低因客戶在交收日未能履行買賣責任而導致損失的風險。如果是孖展戶口，因為有財務安排，所以在"T + 2"的兩天之內付款，經紀行也未必計算利息。至於詳細交收情況，則按個別經紀行的政策而有所不同。客戶應該在交易前先向經紀行查詢。

10 OCT 十月

S日	M一	T二	W三	T四	F五	S六
					1	2
3	4	5	6	7	8	9
10	11	12	13	14	15	16
17	18	19	20	21	22	23
24 31	25	26	27	28	29	30

公眾假期，股市停開

T + 2，即買賣盤在交易完成後，均需在交易後的第二個交易日交收。以左面月曆為例，若在10月15日買入股票，由於其後三日（16日、17日及18日）均是假期及公眾假期。故此，完成交易後的第一個及第二個交易日是19日及20日。換句話說，在T + 2制度下，10月20日是最後交收日期，投資者須在當日將需付的現金存入證券行。

停板

Limit

停板，即暫停股票市場運作，以冷卻投資者的情緒，以免股票及有關衍生工具的價格繼續大幅波動。

停板制雖在國際多個市場實行，但香港股票市場卻無停板制。1998年，香港期指市場的每日波幅限額（daily fluctuation limit，即凡升或跌愈500點，便執行升停板或跌停板的規定）亦告廢除，僅將極為波動的市況列為快速市況，提醒投資者注意。至於1987年的十月股災，香港交易所全面停市四天，實際上屬於特殊“停板”的一類；當時經過四日冷靜，重新開市的首個交易日即暴跌五成，是次停板可謂不合時宜，令股民傷亡慘重。

至於美國期貨市場，停板分為“升停板”及“跌停板”，指數凡上升或下跌至指定的百分比，將會暫停買賣。

除股票市場外，停板亦常見於白銀、黃金等市場。

1987年恒生指數停板前後走勢圖
（恒生指數日線圖，1987年7月1日至12月24日）

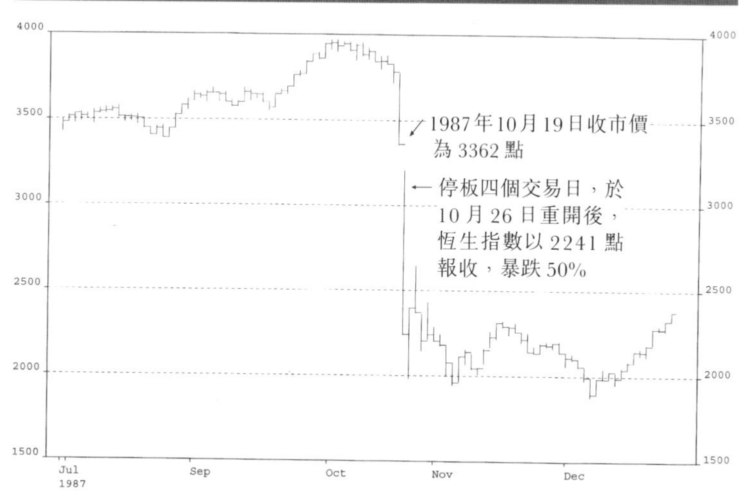

對沖

Hedge

當股市大跌時，很多小投資者會損失慘重，其中一個原因是小投資者不懂得使用期權或期貨去減低他們的損失。相反，一些機構投資者便懂得利用衍生工具去減低他們所承受的風險，而這種減低風險的辦法便稱之為對沖。

例如投資者手上持有某隻股票，他便會害怕股價下挫。在跌市時，股價下跌速度可以很快，投資者未必願意在股票價格低殘的時候把股票沽出；又或者，當時賣家眾多但買家甚少，甚至缺乏買家承價，投資者想把股票沽出也不能。在這情況下，投資者手上持有股票，他所面對的風險便是股價下挫的風險（downside risk）。他手持股票便等於他持有好倉(long position)，所以若要把下跌風險消除，他就需要做相反倉位（reverse position）。

相對好倉的相反倉位，便是淡倉（short position)。做淡倉的方法有二：（1）把手持的股票沽出，那麼投資者手上沒有股票，便不會再害怕股價下跌。一個好倉加一個淡倉，這樣就會平倉(close position)。然而，如果股價低殘，投資者不願把股票沽出，又或者根本無人承價，這個策略便不可行。（2）沽出適量的指數期貨合約或股票期貨。沽出期指或股票期貨合約，就等如做了淡倉，剛可抵消手持股票的好倉。如果股價真的下跌，投資者在現貨市場所持的股票便要虧蝕，但是由於他沽出了期指或股票期貨，因此股票市場上的虧蝕可由期貨市場上的盈利彌補，而這種辦法就叫對沖。

對沖比率

Hedge Ratio

對沖比率是運用於分析認股證的一項數據。"對沖"的意思是指投資者一買一賣兩種相同或相類似的投資物品。例如，投資者要沽空匯豐股票，那麼他便做了一個股票的淡倉；可是，如果他怕沽空股票後，匯豐股價不跌反升，使他蒙受損失，他可以同時購入匯豐的認股證，亦即做了匯豐的好倉。如果匯豐股價上升，他所持有的匯豐認股證便能獲利，補償他沽空匯豐股票的損失。在這個例子中，投資者同時做了好倉（購入匯豐認股證）及淡倉（沽空匯豐正股），這種一買一賣相同或相類似投資物品，以降低所承受的風險，便稱之為對沖。

認股證中的對沖比率，亦稱為三角值（delta），它是用來量度股價改變時，認股證價格會改變多少。例如一隻匯豐認股證是十份兑一份正股，如果匯豐價格改變，升了20元，而十份匯豐認股證價格只變為10元，那麼這隻匯豐認股證的對沖比率，便為10元除以 20 元，等於 0.5 。對於認股證發行商來說，他們發行認股證，等於看淡股價的後市，做了股票的淡倉。如果股價上升，認股證持有人去行使股證，發行商便有損失，因此他們需購入一定數量的股票以對沖風險。而他們購買股票的數目，便看對沖比率的值；如果對沖比率是0.5，他們便可以每兩份認股證才買一份正股對沖。通常，這個對沖比率的值是在 0 至 1 之間。

除了對沖風險外，對沖值的另一用處是用作計算有效槓桿比率（effective gearing ratio）。照字面看，"槓桿比率"（gearing ratio）與"有效槓桿比率"相近，但若把兩者功能比較，卻大有不同。

槓桿比率，是計算持有多少份備兑證或認股證，才等於控制一份正股，主要衡量該備兑證或認股證以小控大的幅度。有效槓

布列克—索爾斯期權定價模式

Black-Scholes Model（適用於計算窩輪的價值）

$$C = SN(d_1) - Xe^{-r(T-t)}N(d_2) \quad \cdots\cdots (1)$$

$$d_1 = \frac{\ln\left(\frac{S}{X}\right) + \left(r + \frac{\sigma^2}{2}\right)(T-t)}{\sigma\sqrt{T-t}} \quad \cdots\cdots (2)$$

$$d_2 = d_1 - \sigma\sqrt{T-t} \quad \cdots\cdots (3)$$

N(.) ＝ 累積常態分佈（Cumulative Normal Distribution）

C ＝ 認購輪或期權理論價值（即合理價）

S ＝ 股價（窩輪所代表正股的市價）

X ＝ 行使價

r ＝ 利率（香港可用最優惠利率，現為 9.5%）

σ ＝ 波幅（正股回報率的標準差）

T－t ＝ 尚餘到期日子，T＝到期日，t＝計算日，此數字以年計。全年交易日為 252 天，如尚餘 150 天，T－t＝0.41。

對沖比率(Hedge Ratio) ＝ $N(d_1) = \frac{\triangle C}{\triangle S}$

以上實輪 1807 為例：

S ＝ 27.65

X ＝ 22.25

r ＝ 0.095

σ ＝ 0.30

T－t ＝ 25/365

$$d_1 = \frac{\ln\left(\frac{27.65}{22.25}\right) + \left(0.095 + \frac{0.3^2}{2}\right)\left(\frac{25}{365}\right)}{0.3\sqrt{(25/365)}}$$

$N(d_1) \fallingdotseq 0.9985$

表示 1807 上實輪的發行商差不多要每發十份窩輪，便要持有一股正股，因為對沖比率很接近一。

~~~~~~~~~~~~~~~~

備註：認沽輪合理價值＝$[Xe^{-r(T-t)}N(d_2 \cdot -1) - SN(d_1 \cdot -1)]$
~~~~~~~~~~~~~~~~

桿比率，則是有效計算凡正股價格每升或跌1%，有關認購證或認沽證價格將相應上升多少(以百分率計)，主要衡量該備兌證或認股證應有的槓桿效應。

有效槓桿比率計算公式表例

備兌認購證／認股證	備兌認沽證
有效槓桿比率(倍)＝ 槓桿比率×對沖值 例：認購證價格 \$0.1，兌換份數 10 份，正股現價 \$10，認購證對沖值 0.5 有效槓桿比率＝ $\frac{\text{正股現價}}{(\text{認購證價格} \times \text{兌換份數})} \times \text{對沖值}$ $= \frac{10}{(0.1 \times 10)} \times 0.5$ ＝5倍 所得答案：凡正股價格每升 1%，認購證價格將相應上升 5%。	有效槓桿比率(倍)＝ 槓桿比率×對沖值×−1 例：認沽證價格 \$0.1，兌換份數 10 份，正股現價 \$10，認沽證對沖值−0.3 有效槓桿比率＝ $\frac{\text{正股現價}}{(\text{認沽證價格} \times \text{兌換份數})} \times \text{對沖值} \times -1$ $= \frac{10}{(0.1 \times 10)} \times -0.3 \times -1$ ＝3倍 所得答案：凡正股價格每跌 1%，認沽證價格將相應上升 3%。

槓桿比率

Gearing Ratio

“槓桿比率”這個名詞，屬於認股證或備兑證的一個分析數據，主要用來量度它們的槓桿度。所謂槓桿，有以小博大的意思。因為通常衍生工具，只需付小量金錢，就可以控制較按金多出數倍價值的資產。

以槓桿外匯交易來説，一般外匯槓桿買賣只需付出合約價值的百分之五作為按金，就可操控比按金大二十倍的資產。

認股證亦屬槓桿投資之一，只需付出小量的金錢，就可控制比所付股證金額多數倍的資產。例如某匯豐認股證，每十份股證換一份正股，股證價格現為2元，假設匯豐現價為100元，那麼認股證槓桿比率的計算便為：正股現價除以認股證價格及兑換份數，即100元除以2元及10，結果槓桿比率為五倍。這個槓桿比率，亦稱為控股比率，意思是指投資者只需付出正股五分之一的價錢，就等同購入一股正股，享受正股價格上升所帶來的好處。

槓桿比率公式例解

$$認購證或認沽證槓桿比率(倍) = \frac{正股現價}{認股證價格 \times 兑換份數 \times 名義貨幣匯率}$$

例子：日圓認沽證現價0.3元，行使價115日圓，1美元兑日圓現為120日圓。兑換份數為1份、貨幣匯率為1港元兑15.48日圓（因認沽對象為日圓，需兑換成日圓計）。

$$槓桿比率 = \frac{120}{0.3 \times 1 \times 15.48} = 25.8倍$$

例子：長實認購證現價0.5元，行使價38元，長實現價42元，兑換份數10份，名義匯率為1港元。

$$槓桿比率 = \frac{42}{0.5 \times 10 \times 1} = 8.4倍$$

兌換率

Conversion Ratio

兌換率，又稱換股比率，投資者若持有備兑認購證、備兑認沽證、認股權證、可換股證券等，並有意行使上述衍生工具的權利，就需按兑換率去認購或認沽指定產品（如正股、實物、現金等）。

以較普及的備兑認購證為例，假設該認購證為美式認購證（即認購證可隨時行使），兑換份數為十份，其兑換率將為 0.1，即投資者每持有十份認購證，將可以行使價兑換一份正股（或與正股股價等同的現金）。

在兑換正股前，投資者需考慮兩大因素：（1）該備兑認購證必須為美式認購證；若是歐式認購證，持有者是無權即時行使該認購證去兑換正股。（2）備兑認購證的行使價必須高於正股股價，否則投資者無須既費時又要交手續費去行使認購證，他們大可直接在市場購入正股即可。

至於可換股證券（convertibles）的兑換率計算方法，則有別於認股權證、備兑認購證（或備兑認沽證）。其兑換率，等於可換股證券的面值除以換股價；假如每張可換股證券的面值為50元，換股價為 100 元，則其兑換率應為 0.2（50 ÷ 100 = 0.2）。不過，行使可換股證券兑換指定產品前，宜先看清條款中有否訂明為美式可換股證券。

兌換率（或換股比率）公式

$$兌換率（或換股比率）= \frac{1}{兌換份數}$$

例：兑換份數為 10 份

$$兌換率（或換股比率）= \frac{1}{10} = 0.1$$

註：凡持有十份認股證或備兑認購證，將有權向上市公司或發行商以行使價兑換或認購一份正股。凡持有十份備兑認沽證，將有權向發行商行使認沽權利，以一份正股兑換行使價註明的金額。

行使價

Exercise Price

凡持有期權、認股證、備兌證等，有意行使權利，將可按所訂定條款，以指定的行使價向賣方（如上市公司或發行商）認購或認沽指定資產。

以認股證為例，假設每十份認股證可兌換一份正股（即兌換率為0.1），行使價為20元。如持有者有意以認股證兌換正股，行使其權利，他每持有十份認股證就可以20元的價格兌換一份正股。

持有者把認股證兌換正股的原因大抵以下兩個：(1) 是由於正股價格高於認股證的行使價。若正股現價為35元，以20元的指定價格行使認股證兌換正股，在一買一賣之間，將可賺取15元差價（但未計算持有認股證的成本）。(2) 是由於該認股證雖已屬價內，但交投極之不活躍（甚至沒有成交），持有重貨者既無法在市場沽出套現，惟有行使認股證去兌換正股，以免待至到期時，所持認股證變成廢紙。

投資者在決定購買有關衍生工具（例如備兌證或認股證）前，應該小心研究其行使價。行使價是預先由賣方因應市場需求而設定，不會隨環境而更改，所以利用行使價，便可很容易計算出該衍生工具的其他重要數據，如溢價、內在值、時間值。有了這些數據，投資者將可更清楚有關衍生工具的價值，以及它們是否值得購買。

六大因素對備兌認購及認沽證影響

因素	備兌認購證（或認股權證）	備兌認沽證
(1) 股價	+	−
(2) 行使價	−	+
(3) 利率	+	−
(4) 年期	+	+
(5) 波幅	+	+
(6) 股息	−	+

註：「+」代表關係成正比，「−」代表關係成反比。
若認購證屬歐洲式，則年期對認購證價值的影響便不確定。

平價／價內／價外

At the Money / In the Money / Out of the Money

判別平價、價內和價外，都需要有兩個基本條件存在：正股（或指定產品）現價及行使價。

以認購期權或備兑認購證為例，平價等於正股現價與其行使價相若，價內等於正股現價高於其行使價，價外等於其行使價高於正股現價。

以認沽期權或備兑認沽證為例，平價等於正股現價與其行使價相若，價內等於其行使價高於正股現價，價外等於正股現價高於行使價。

買入價內備兑認股證或期權的優點是，風險較小，有若干內在值可供行使，價格升跌與正股走勢有直接關係。但缺點是其價格較貴，買入成本不輕，因已有內在值作保障。買入價內備兑認股證或期權的時機，最適宜是在它們的尚餘到期日有限時，但記着要以短炒為主。假若投資者不能承受太大風險，買入價內備兑認股證或期權是較佳的投資選擇。

至於買入等價備兑認股證或期權，優點是風險較價外的為小，其內在值雖有限，但價格較合理。缺點是等價備兑認股證或期權正處於好淡分界線，後市既有機會上升，也可能下跌，若不幸"買錯邊"，將本金投資在相反方向，該備兑認股證或期權價格的下跌潛力將不小，故等價備兑認股證或期權的風險是較價內的為高。

狀態	認股權證／備兑認購證	備兑認沽證
價內	正股現價＞行使價	正股現價＜行使價
平價	正股現價＝行使價	正股現價＝行使價
價外	正股現價＜行使價	正股現價＞行使價

買入價外備兑認股證或期權的吸引之處是，其價格全無內在值，僅有時間值而已，價格因而較廉。基於價廉，個別投資者若認為自己眼光準確，就會捨價內備兑認股證或期權，而選價外的。不過，由於價外備兑認股證或期權的風險極大，若處牛皮市(即後市走勢窄幅橫行)，其價格將隨時間值的消耗而下跌，屆時投資者將白白蝕去投資金額的帳面值。同時，因為該備兑認股證或期權並無內在值，其價格升跌更易受供求關係影響，可能會出現“應升不升，應跌不跌”的相反現象，屆時投資者即使投資方向正確，亦未必能受惠於正股升勢(或跌勢)。因此，價外備兑認股證或期權的投資風險在三者中屬最高，投資者若非很有信心，還是應該避免買這類價外備兑認股證或期權。

溢價

Premium

溢價，較常應用於備兑證或認股證市場。溢價的意思，是指立即行使備兑證或認股證時，所花費的成本較在股票市場購入正股要多花多少錢。通常，溢價是以百分比來表達，例如5%。

簡單而言，藉衡量溢價的高低，投資者可知該備兑證或認股證是否便宜。基本上，溢價愈高，該備兑證或認股證愈貴；相反，溢價愈低，該備兑證或認股證將較便宜、較吸引。

以認股證為例，溢價若高於0%，顯示正股現價較行使價為低；溢價愈高，顯示該認股證愈屬價外，低於行使價的幅度愈大。反之，若溢價屬負數，出現負溢價情況，顯示正股現價已高於行使價，該認股證已轉為價內。

低溢價，持倉風險較低，因正股股價距離行使價不太遠，該認股證被行使的機會亦較高。不過，也有少數的投資者喜歡購入高溢價的認股證，因其成本低；若市況持續上升，成單邊市況，投資者便可成功以"以小博大"，賺取豐厚利潤。

至於溢價的計算詳見下例。

溢價公式計算例子

認購輪溢價(%) =

$$\frac{\text{行使價} + \left(\dfrac{\text{輪價}}{\text{兑換率}} \times \text{港元兑名義貨幣匯率}\right) - \text{認購正股現價}}{\text{認購正股現價}} \times 100\%$$

認沽輪溢價(%) =

$$\frac{\text{認沽正股現價} + \left(\dfrac{\text{輪價}}{\text{兑換率}} \times \text{港元兑名義貨幣匯率}\right) - \text{行使價}}{\text{認沽正股現價}} \times 100\%$$

* 上述溢價公式，僅適宜計算以港元為指定貨幣的備兑證／認股證，若為美股或日股，備兑認購證或認沽證現價需先兑換成指定貨幣(即港元)，

兌換值以市價計算。如美股的備兌證或認股證，其價格計算時需除以7.75（因1美元兌7.75港元）。

計算例子：

長實認購輪（1757）	道指認沽輪（1794）
輪價1.35元，長實現價67.75元，兌換率0.1，行使價56.29元，名義貨幣為港元(即毋須另再計算兌換率) (1757) 溢價＝ $\dfrac{56.29+(\dfrac{1.35}{0.1})-67.75}{67.75}\times 100\%$ ＝3.01%	輪價0.156元，道指現價10696點，兌換率0.000022，行使價11000點，名義貨幣為美元（等於1美元兌7.75港元） (1794) 溢價＝ $\dfrac{10696+(\dfrac{0.156}{0.000022}\times\dfrac{1}{7.75})-11000}{10696}\times 100\%$ ＝5.6%

註：若嫌計算繁複，建議留意各報投資版內刊發的數據。

溢價公式例解

認購證溢價(%)＝

$$\frac{(\text{認購證價格}\times\text{兌換份數}\times\text{名義貨幣匯率})+\text{行使價}-\text{正股現價}}{\text{正股現價}}\times 100\%$$

認沽證溢價(%)＝

$$\frac{(\text{認沽證價格}\times\text{兌換份數}\times\text{指定貨幣匯率})+\text{正股現價}-\text{行使價}}{\text{正股現價}}\times 100\%$$

例子：恆生指數認購證現價0.03元，行使價10000點，恆指現為10000點，兌換份數10000份，貨幣匯率為1港元（因認購對象為恆生指數）。

$$\text{溢價}(\%)=\frac{(0.03\times 10000\times 1)+10000-10000}{10000}\times 100\%=3\%$$

例子：道瓊斯指數認沽證現為0.02元，行使價9000點、道瓊斯指數現為9300點，兌換份數7000份，貨幣匯率為1港元兌0.129美元（1美元兌7.75港元）。

$$\text{溢價}(\%)=\frac{(0.02\times 7000\times 0.129)+9300-9000}{9300}\times 100\%=3.42\%$$

折讓

Discount

在認股證或期權中，所謂折讓，是指認股證或期權在行使之時，所付出的金額較在市場上直接購入股票的價格更為便宜；通常這個折讓值，是以百分比計算，例如-5%。-5%代表行使認股證或期權，所付出金錢較在現貨市場購入股票便宜百分之五。一般來説，認股證或期權是不應該出現折讓的，特別是期權，因為由莊家負責開價，所以出現折讓的機會微乎其微。唯一可能出現折讓的是認股證，尤其是那些歐式認股證，因為歐式認股證只能在股證到期當天才可行使，如果現在股價過高，投資者預期股價會回落，認股證便會出現折讓。

回報

Return

如要量度一項投資的回報，可用回報率 (return ratio) 來計算。一項投資項目是否吸引，投資者會考慮投資項目的回報率，例如把錢存入匯豐銀行收息，還是用來買匯豐銀行的股票較好呢？這便要視乎兩者的回報而定。

如把錢存入匯豐銀行做活期存款，假設所得息率為年息4.75厘，即存10,000元入匯豐銀行，一年之後，可得475元。如果把錢做定期存款，所收取的利息可以更高，例如一個月定期，可收取7.5厘利息。定期存款比活期存款的利息較高，原因是活期存款的流動性大，投資者可以隨時把存款提走，所以利息較低；而定期存款由於本金需根據合約所定時間存放在銀行，投資者不能隨便動用資金(如果投資者在存款未到期前提走本金，便需罰息)，因此存款的流動性較低，而投資者所收取的回報也相對較高。

一般來說，把錢存在銀行是很穩健，投資者所承擔的風險很低。不過，如果通脹高於銀行息率，則把錢存於銀行，存款其實會慢慢給通脹蠶食。

那麼，把錢投資股票又如何？假設投資購買的股票是匯豐(0005)，以一股匯豐186元計，每股息率2.75厘，表面看來，股票的息率遠低於銀行的存款息率，似乎買匯豐股票不及把錢存在匯豐好。但要留意，股票的價格是可以上升的，而放在銀行的本金則不會。如果匯豐股價升至200元，單是股價上升所帶來的回報就已經有7.5厘，再加上股息息率2.75厘，匯豐的回報率合計已有10厘以上。如果匯豐股價再進一步上升，回報率將更加可觀。所以，買股票與否，主要視乎股票的回報率如何，即股價的預期上升幅度加上股票派息率是多少；如果回報率大於銀行存款利率及跑贏通脹，這樣買匯豐股票便勝過存錢在匯豐。

風險

Risk

決定投資在一個項目，除了考慮項目的回報外，還要考慮其風險。風險，這種東西是很抽象的，但又確實會影響投資者的投資決定。

例如投資者知道投資在股票或物業市場，回報是較把金錢存放在銀行中為優，但是一般投資者並不會胡亂把自己的財富全部投資在股票上，只會投資在一些優質股份上。原因是：把錢存放在銀行裏，基本上是沒有風險，唯一的缺點是回報率太低，有時存款所得的利息回報很小，息率會跑輸通脹。反而把金錢投資在一些優質股，例如恆生指數成分股，中長線來說，這類股份的回報率會較銀行利率為高。當然，股票的回報率之所以高於銀行利率，主要因為投資股票是有風險的。

把錢存於銀行，所得回報是確定的，在存款到期之日，一定能把本金及利息取回，所以可稱得上是一種沒有風險的投資。至於股票，其回報有兩類：(1) 每年所能收取的股息。以恆指成分股來說，股息平均每年約兩厘至五厘不等；單以股息計，股票收益並不優於銀行定期存款。(2) 股價上升所帶來的資本增值，這是購買股票的最主要收益。不過，資本增值並不確定，因為股價是可升可跌。如果股票的現價較買入價為低，投資者便有所損失；這種由於股價下跌而可能導致的損失，就是購買股票的風險。既然投資股票的風險是大於存款在銀行，因此投資者要求較高回報也是合理的。

風險溢價

Risk Premium

買賣任何一種投資物品，所會遇到的風險可分為兩類：上升風險（upside risk）及下跌風險（downside risk）。以股票為例，買入股票所面對的風險，就是股價下跌，因股價跌穿買入價就會帶來虧損，這種風險稱為下跌風險。如果投資者看淡後市而沽空股票，他最害怕的是股票價格不跌反升，導致他有所損失，而他所面對的這種風險，便稱為上升風險。

在一般情況下，投資者通常只會持有股票一段時間，以收取股息及希望股價上升而帶來利潤。因此，他們所面對的是股價下跌所帶來的虧損，亦即下跌風險。股票投資與銀行定期存款的分別是：把錢存放在銀行中基本上沒有風險，而買賣股票則有下跌風險。所以股票投資的回報必須高於銀行利率，投資者才肯購買股票。假如銀行一年定期利率有八厘，而投資某隻股票，其股息加股價的升幅，回報率有十二厘，那麼這隻股票的回報率就較銀行存款的回報高出四厘，這四厘的差別就是風險溢價。即是說，如果投資者願意承受股票買賣所帶來的下跌風險的話，以上的四厘差距便補償他們所承擔的風險。

資本增值／資本減值

Capital Gain / Capital Loss

資本增值，即投資者所持有股票的現價較買入價為高，使他們在帳面上有利潤；相反，資本減值則是投資者所持有股票的現價較買入價為低，使他們在帳面上有虧損。一旦投資者將股票沽出，這些股票的帳面利潤或虧損將成為實質數字，令資本出現實質增值或減值。

資本增值和資本減值的計算公式如下：

資本增值金額＝(賣出價－買入價)×持有股數

資本減值金額＝(買入價－賣出價)×持有股數

預期投資總回報率(連股息計)＝

$$\frac{\text{預期每股帳面增值(或虧損)＋股息}}{\text{預定買入價}} \times \text{持有股數}$$

對於一般股民來說，股價上落直接影響持有資本的價值。如果股市氣氛佳，股票波動的幅度亦不小，投資者會認為投資股票較把本金存於銀行收取利息為佳。但需注意，投資股票亦有多項潛在風險，如政治風險、外圍經濟轉變風險等。所以，投資者在追求高回報的同時，其實也潛藏着高風險。

相反，若市場氣氛不佳，而存款息口上揚時，投資者較傾向把資金從股票市場抽出，轉往銀行作存款，以賺取低風險的利息，因為其時投資股票的風險較大，持有股票隨時帶來資本減值。

投資組合理論

Portfolio Theory

西方有句諺語：不要把全部雞蛋放進同一個籃子裏。因為這樣風險很高，如果一不小心，便會把全籃子的雞蛋跌壞。投資也是一樣，切忌將所有資金全放在單一股票上，因為這樣做，風險會很高。

例如投資者把全部資金放在一隻地產股上；如果地產市道良好，他本來應得到可觀的回報。可是在眾多的地產股之中，每隻股份的盈利前景與升值潛力也不相同。如果投資者選擇錯了股份，可能其他股份大升，而自己所持有的股份價格極可能只是小升，甚至不升反跌。這種情況，就是選擇錯誤所帶來的風險。若要降低這種風險，便要把資金分散投資不同的股份。因為分散投資，所帶來的盈利便會較為平穩，整體的風險亦會小些。

不過，把全部資金放在地產股上，亦會承受其他風險，例如地產市道下滑，銀行大幅加息，也會影響組合的表現。因此，投資組合理論可引伸至投資在不同種類的股份，例如金融、公用或工商類股份，那麼投資組合的表現便會較投資在單一種類股份平穩。如果把投資組合理論再引伸，投資者應在全球分散投資，那麼個別國家的問題，便不會大幅影響投資組合的表現。簡單來說，投資組合理論的要義便是分散投資，例如分散投資在不同股份，不同種類行業，甚至投資在不同國家，這樣便會把風險分散，令投資組合的表現更為平穩。

對沖基金

Hedge Fund

基金有兩種，分別是傳統基金和對沖基金。究竟對沖基金跟傳統基金有何分別？

傳統基金通常只做資產好倉，而且會作長線投資，例如港股基金，這些基金只投資在港股之上，而且年期會較長，主要等待港股價格上升之時獲利。除非基金客戶贖回基金，或市場投資環境突然轉壞，否則基金不會持有大量現金。一般來說，傳統基金只會持有小量股票淡倉，而沽期指也只作為對沖風險之用。

對沖基金的運作則有所不同。首先，“對沖”一詞，是指投資者手上同時持有好倉及淡倉，以降低風險；例如手上持有股票(即好倉)，但又沽出期指(即淡倉)，以降低股票下跌的風險。不過，如果所持的好倉及淡倉是在不同地方的市場，結果便不一樣。例如對沖基金看淡港股而看好美股，他們便會買美股而沽港股，而在一買一賣中，所承擔的風險會較只持單邊倉為小；如果市況與他們預期一樣，港股價格因過高而下跌，而美股價格因偏低而上升，對沖基金的獲利便甚為豐厚。就算他們的估計錯誤，兩地股市同時下跌，只需港股跌幅較美股為大，他們仍有利潤；又或者兩地股市同時上升，只需美股升幅大於港股升幅，他們仍會獲得利潤。

程式買賣

Program Trading

程式買賣，是利用電腦及數學理論買賣投資產品，例如股票、外匯或黃金，以達致獲利目的。投資者把程式預先輸入電腦，再分析市場上的數據，利用電腦找出最適合的投資策略。

假如投資者信奉強弱指數（RSI），可以把RSI的投資程式載入電腦，並編定當RSI超逾80時，便屬超買，應將股票賣出、平掉好倉，又或者開始做淡倉、沽空股票；而當RSI低於20時，便屬超賣，應平掉空倉，再做股票的好倉。這些投資策略都是利用電腦來執行。開市後，股價數據不斷輸進電腦，而預載的程式便不斷計算相關的強弱指數，當RSI高於80或低於20，便會發出指示，通知投資者進行買賣。

當然程式不限於RSI，還可運用其他的技術分析方法，例如移動平均線、隨機指數等，沒有一個固定的方式，只要能賺錢便行。而程式買賣的成敗，除視乎程式的設計是否恰當，還要看具體環境是否配合。若環境突變，程式買賣也不能發揮作用。其中最著名的例子是，美國對沖基金長期資本管理公司（LTCM）在1998年10月大幅虧蝕數以百億計美金。事後分析，當中一個主要原因就是過分依靠程式買賣，未有計算國際宏觀經濟和金融政策，以及個別國家（如俄羅斯）政策的急速轉變。

創業板

Growth Enterprises Market, GEM

創業板，是具增長潛力公司上市的第一市場，以及未符合主板上市要求的公司另一集資渠道，尤其適合那些具備良好商業概念及增長潛力的新興企業。自創業板在1999年11月25日開鑼後，第一市場正式分成主板及創業板兩大類， 兩者功能同樣是協助上市公司在股票市場集資，以便作發展、研究、還債、維持日常運作等用途。

至於有意上市的公司，應選擇主板上市，還是在創業板上市，須視乎有關公司的意願，以及能否符合該板的上市規定。基本上，創業板的上市規則較主板為寬鬆(詳見下表)，即使未有盈利紀錄，只要有關公司所開發的產品性質夠獨特（例如一種軟件或藥物)，並兼具增長潛力，便可以向創業板申請上市。除本地及區內企業外，創業板更歡迎在國際間具增加潛力的公司來港上

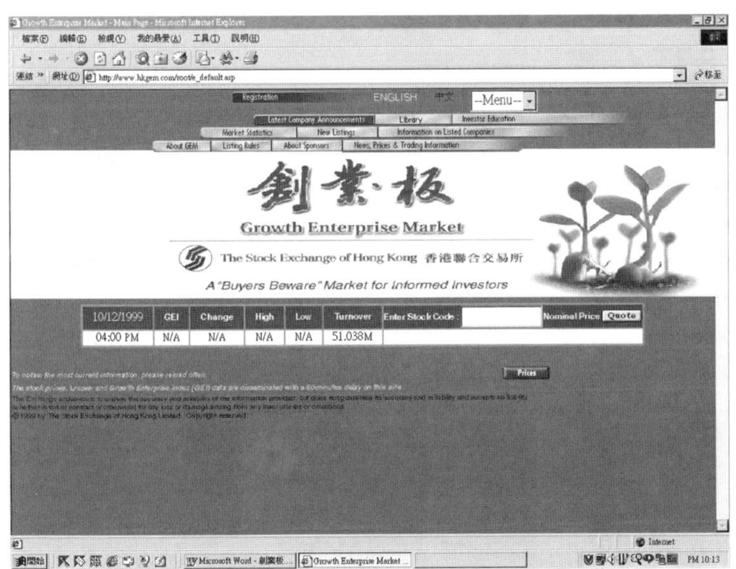

創業板網址：http://www.hkgem.com./root/e_default.asp

市，此舉無疑可提升有關公司在香港及亞洲區的知名度。

由於創業板股份不設盈利要求，亦不重公司往績，買賣風險相對主板股份為高。為確保投資者明白箇中風險需自負，在買賣創業板股份前，規定需與其經紀簽署一份協議，內容主要是確認投資者已明白當中所涉及的風險。

創業板成立初期，股份數目不多，由於發售股數有限，這些股份在上市當日均表現理想，如首兩隻股份——天時軟件(8028)及浩倫農業(8011)，在上市當日分別上升80%及60%。不過，這些股份除上市當日表現理想外，其後走勢多較為波動，箇中風險實須留意。另外，炒創業板股份前，除須留意發售股數、保薦人、預測市盈率、發股價等基本因素外，更須考慮有關股份的業務有否概念及市場潛力，以提高投資勝算。

創業板和主板的上市規則及要求比較

	創業板	主　板
上市目的	為具增長潛力公司集資	為具盈利紀錄及較大型公司集資
盈利要求	不設盈利要求	過往三年盈利不少於 5,000 萬港元
最低市值	上市時不少於 4,600 萬元	上市時不少於 1 億元
最低公眾持股要求	＊市值少於 10 億元及集資金額少於 3,000 萬元，公眾持股量至少達 20% ＊市值多於 10 億元及集資金額少於 2 億元，公眾持股量至少達 15%	＊最少發行 5,000 萬元股份及公眾持股量至少達 25%
資訊披露渠道	創業板網頁須印製半年及季度報告	報章及大利市機須印製半年年度報告
投資對象	專業及充分了解市場的投資者	所有投資者

基本因素

今日港幣存款
最高利率為：
Highest HKD Deposit Rate Today
6.75%
如有任何查詢，請與本行職員聯絡。
交通銀行

國民生產總值／國內生產總值

Gross National Product, GNP / Gross Domestic Product, GDP

國民生產總值，簡稱GNP，指一個國家在一段時間內（通常為一年），由國民擁有的生產要素（如土地、勞工、資金等）所產生的最終產品及勞務市值的總和。國民生產總值有助衡量一個國家經濟的發展速度。

國民生產總值（GNP）既計算國內的投資和生產，也包括國民在外地的投資和生產；而國內生產總值（GDP）所計算的投資和生產則必須在該國境內進行。GNP和GDP雖略有分別，但兩者穩步上升，均表示全國人民生活水平提升，境內經濟較前為佳，順帶也利好股市走勢。

GNP和GDP可分成名義的（nominal）和實質的（real）兩類。名義的以當時的市值計算，實質的則固定地利用某一年的價格計算，其數據已對通脹及該年度物價變動作出調整，因此數字更具參考價值。

評估GNP的變幅，宜以該國往績衡量。一般來說，發展中國家的GNP往往較為反覆，增幅可以很驚人（可達10%–15%），但其境內的通脹問題會持續困擾國家的發展，甚至拖累實質GNP或GDP出現負增長。相反，經濟成熟的國家（如美國、德國），其GNP或GDP的增幅約3%–6%，但由於境內通脹僅溫和增長，故境內購買力及消費意欲仍佳。

綜合而言，GDP是由全國境內消費開支（consumption expenditure）、投資開支（investment expenditure）、政府固有投資（government expenditure）、入口貨和服務市值與出口貨和服務市值的差額等項目的總和計算而成；至於GNP，在計算上述項目時，除了包括境內生產總值外，同時還計算境外生產總值的收入。

消費物價指數

Consumer Price Index, CPI

消費物價指數（簡稱CPI），是將多項商品及服務價格，以綜合、加權及平均等方式計算出來，用作衡量消費物價變化的情況。

以香港為例，消費物價指數分為甲類消費物價指數與乙類消費物價指數，以及恒生消費物價指數。首兩種消費物價指數，由香港政府統計處編製，而恒生消費物價指數則由恒生銀行負責編製。一般來說，消費需求將隨經濟向好而上升，消費物價指數亦會因而攀升。但若通脹升勢過劇，政府又可能會以加息手段去冷卻經濟，屆時股市將下挫，投資者對此需留意。

香港消費物價指數每月走勢（1996年9月至2002年7月）

生產物價指數

Producer Price Index, PPI

生產物價指數（簡稱PPI），是根據多項生產製造價格綜合計算而成，用作反映生產商製造及批發成本的變化。這指數反映批發價的變動，而消費物價指數則反映消費價格（即零售價）的變化。

一般來説，產品問世，步驟往往是先批發，後零售。因此，生產物價指數的變化大多領先於消費物價指數。同時，生產物價指數的升幅或跌幅，可能會在幾個月後的消費物價指數中反映出來，所以投資者不妨對此多加留意。若撇除食品及能源價格的變化，生產物價指數將較能反映通脹情況。

美國生產物價指數每季走勢（1990年3月至1999年6月）

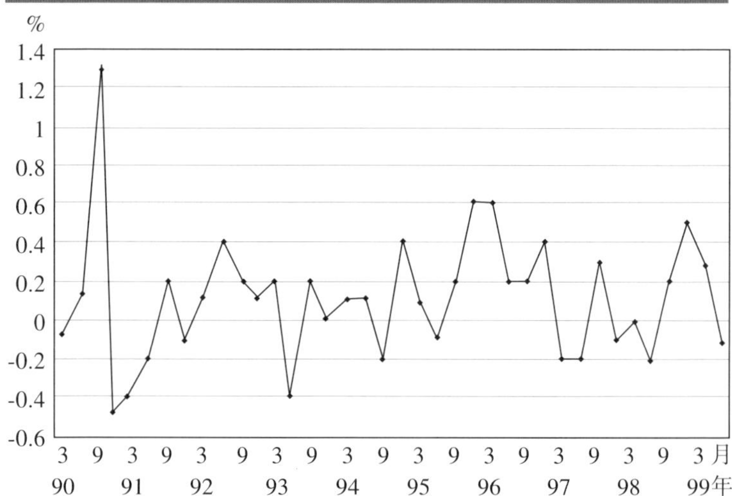

通脹

Inflation

通脹，是通貨膨脹的簡稱，泛指商品及勞務價格上升令投資者實質收益及購買力下降的現象。

通脹的主要成因，包括市場需求高於供求、生產成本增加、貨幣供應增長過速、貨幣貶值令入口貨品價格上升等。

若要量度通脹，可透過平均時薪、消費物價指數（Consumer Price Index，CPI）、生產物價指數（Producer Price Index,PPI）、平減物價指數（deflator）等。CPI，是根據多類商品及勞務價格綜合計算出來的，用以反映股價變動對消費者的關係。PPI，則是根據多類生產製造價格綜合計算出來的，用作反映廠商或生產商的批發及製造成本之變化。如實際CPI及PPI的數據高於預期，對股市或會不利，令股價出現沽壓。

在一般物價中，相信能源（如石油）價格的上升，最直接增加生產成本，變相使其他物價上升。1973年的石油危機，就間接令全球經濟衰退及個別地區出現股災，可知石油價格的變動往往會牽一髮而動全身。尤其一些依靠石油運作的行業（如航空、運輸、電力、化工等），它們的股份對石油價格走勢也較為敏感。

若通脹僅令物價增幅溫和，對股價走勢將有正面作用。理由是：物價上升，將會令廠商的利潤增加，公司固定資產（如廠房、機器設備）增值；同時，在存款利息受通脹蠶食下，市民為求保值，將傾向買入股票投資。

不過，如果通脹持續不下，形成惡性通脹，則股價走勢將受到負面影響。原因是：當生產原料價格上升，企業邊際利潤將受壓，或變相利潤下跌，這樣，政府可能會因此提高利率，以壓抑通脹。結果，供樓者負擔加重，投資者亦因利率高企，以及對前景不樂觀，而將持貨沽出，最終令股市下跌。

貨幣發行局機制

Currency Board System

香港聯繫匯率機制，屬於貨幣發行局機制之一，要了解甚麼是貨幣發行局，必須先了解貨幣供應與經濟的關係。

在貨幣自由浮動的國家，一般都能享有貨幣政策的自主權，而貨幣政策（monetary policy）往往是影響經濟的一種手段。例如經濟疲弱，銀行沒有足夠銀根借予企業，便會將利率推高，於是企業可能會因為利率高企，而被迫裁員，甚至結業。對此情況，政府可透過貨幣政策去放寬銀根，令銀行有充足金錢去借給企業，達到刺激經濟的目的。不過，在放寬銀根的同時，亦會導致通脹上升，不利該國的貨幣，匯兑會有貶值的壓力。

一個國家貨幣匯率的穩定性是十分重要，特別是一個國家的國民生產總值若大部分與國際貿易有關，穩定的匯價對於出入口商進行國際貿易將更為方便。以港元為例，以1美元兑7.8港元的匯率進行兑換，出入口商便不用考慮美元兑港元的匯率風險。而貨幣發行局機制，基本是穩定匯率的一種辦法。以港元為例，每發行一元港幣便需有等值美元（根據7.8換算）支持。理論上，由於發行港幣時要有美元支持，就算把港元全面收回，政府亦有足夠的美元儲備去應付，所以港元兑美元匯率可以固定在 7.8 的水平。不過，貨幣發行局機制的一個缺點，是政府會損失貨幣政策的自主性，因為匯價穩定，政府就不能用貨幣政策去干預市場。

聯繫匯率

Linked Exchange Rate

聯繫匯率，是指一隻貨幣與另外一隻主要貨幣掛鈎，以港元為例，就是以7.8港元兑1美元。這種匯率機制的好處在於：因為本地貨幣與國際貨幣掛鈎，在進行國際貿易方面，無論是本地廠商還是外國買家，更加容易釐定貨品在國際市場上的價格，而無須考慮貨幣匯率風險的問題。

以港元為例，與美元以7.8港元的兑換率掛鈎，香港的廠商就可以放心以美元作為單位，在國際市場以美元報價沽售貨物，或購入貨物，因為他們只需考慮有沒有足夠的等值港元去進行交易。

聯繫匯率與固定匯率並不相同，雖然在七十年代之前普遍西方國家還是採取固定匯率，但是在七十年代之後，主要國家的貨幣，均採取浮動匯率機制。固定匯率的好處是方便國際貿易，令出入口商人更易釐定買賣價格，但弊處是國家需有足夠的外匯儲備去支持匯價。自由浮動匯率機制的好處，是國家更有彈性去實行貨幣政策以調控經濟，但過分的匯率波動，則會損害國際貿易的活動，因為出入口商無法釐定合適的商品價格。聯繫匯率介乎浮動匯率及固定匯率之間，與所掛鈎貨幣的匯率是固定，但亦可隨着所掛鈎的貨幣浮動而浮動。

貼現率

Discount Rate

貼現率，是中央銀行為商業銀行貼現票據、融通資金時所收取的貸款息率，即商業銀行向中央銀行借取資金的借貸成本。

在香港，貼現率由金管局因應市場變化而每日作出公佈，這與美國聯邦貼現率（federal discount rate）需由聯邦公開市場委員會參考了一系列經濟數據才向市場公佈的做法，有所不同。

隨着貼現窗（discount window）制度推出，自1992年6月開始推行的流動資金調節機制（簡稱LAF）即被撤銷，因金管局不打算延續拆入（借入）銀行額外流動資金這做法，金管局期望這樣可以增加市場流動資金。貼現窗機制取代了流動資金調節機制後，"拆出利率"（offer rate）就由"基本利率"（base rate）所替代。為了減少利率過度波動，金管局會透過貼現窗提供流動資金。銀行可利用外匯基金票據、債券及其他合資格證券作抵押品訂立回購協議，透過貼現窗向金管局借取隔夜流動資金。貼現窗的基本利率——即計算回購協議適用的貼現率的基礎利率——是按預先公佈的公式釐定，該公式以美國聯邦基金利率與香港銀行同業拆息為依據。

經過東南亞金融風暴及香港銀行同業拆息曾經挾高至三百厘後，香港的投資者對息口的變化較前敏感。各類息口中，貼現率正好反映銀行銀根的短線情況，可作為投資者研究參考的數據。

香港銀行同業拆息

Hong Kong Interbank Offer Rate, HIBOR

香港銀行同業拆息，又稱"HIBOR"，全名為"Hong Kong Interbank Offer Rate"，是銀行在同業市場拆借資金的息率。

銀行雖為金融中介者，作用是拆入資金，然後用較高息率拆出，中間賺取息差。如果銀行的存款基數不多，特別是那些中小型銀行或外資銀行，如果需要資金，通常會在銀行同業市場拆入資金，而其間所付出的息率——銀行同業拆息，便是其資金的成本。

香港銀行同業拆息的性質，等同美國聯邦基金利率(federal funds rate)，息率自由浮動，由市場需求力量決定，期限分為一個工作天(即隔夜)、一周、兩周、一個月、三個月、六個月等，由銀行按需要拆入不同時期息率的資金，上述各息率基本上隨期限增加而遞升。

對銀行而言，銀行同業拆息的波動影響很大，因銀行主要是賺取最優惠利率與銀行同業拆息間的差價。所以，若銀行同業拆息飆升，銀行賺取的差價將減少。假如銀行同業拆息接近(或高於)最優惠利率，銀行便傾向減少借出資金予客戶，以免得不償失。

處理按揭貸款，銀行普遍以最優惠利率加上若干點子的利息，貸款予客戶。遇有相熟企業或廠家，銀行的貸款利息或會以銀行同業拆息加上若干點子利息來計算。

銀行同業拆息及各項息口的上調，對股市一般有利淡影響。兩者走勢，基本上存在着反向關係，即息升、股落，息落、股升。究其原因，是百業均靠銀行貸款作投資，當息口飆升，各公司的利息支出壓力將上升，其經營成本也跟着上升，反之盈利方面則下降；另外，持現金者將傾向存款於銀行收息，賺取低風險的回報，減少股票投資。不過，若息口回落，則一切情況逆反。由此可見，息口的轉變對股市後市有相當影響。

最優惠利率

Prime Rate

最優惠利率是香港銀行業對客戶放款的一個最基本的貸款利率；客戶貸款時，所付出的利率通常是最優惠利率加上一個溢價。

利率(interest rate)，是由資金的需求與供應所決定的價格。而銀行作為中介者，既要吸納資金，又要拆放資金；在吸納和拆放時，銀行各自有不同的利率。銀行在吸納資金方面，一般有兩個途徑：

(1) 吸納市民的存款，這些存款可以是活期存款或定期存款。通常，活期存款利率是有一個定息。各大銀行都會遵循銀行公會的決定，給予活期存款的存戶一個定額利息，這是銀行吸納較便宜資金的一個途徑。至於定期存款的利率，利率是浮動的，因為香港的利息協議已經廢除，銀行可按自己的資金狀況去釐訂定期存款的高低。

(2) 第二個銀行吸納資金的途徑是在銀行同業資金拆借市場中借來，而同業市場的借款利率，稱為銀行同業拆息。在東南亞金融風暴時，香港銀行同業拆息一度被搶高，一個月或以上的銀行同業拆息曾高達十八、十九厘，反映當時銀行資金成本不輕。在一般情況下，銀行同業拆息應該低於最優惠利率。如果銀行的資金大部分由同業市場借回來，銀行便要做蝕本生意。因此，為了能夠賺取利潤，銀行的基本貸款利率——最優惠利率——趨升是必然結果。

利率

Interest Rate

利率，可分為實質利率（real interest rate）和名義利率(nominal interest rate)。實質利率是撇除通脹數字後的利率，能真實反映實質購買力的增長；而名義利率屬於銀行或存戶收取或付出的息率，並未有撇除通脹數字。

實質利率的好處，在於可使投資者認清宏觀環境，作出因時制宜的投資策略。其計算公式是：利率減去通脹率。原因是，通脹會蠶食投資回報或應收取利息的部分收益。不過，若通脹率是負數(即代表通縮)，則投資者所負擔的利率將不跌反升。以供樓人士為例，若優惠利率為9厘，通脹率是1厘的負增長，則實質利率將高達10厘，置業者的負擔可謂不輕。另外，如舉債買入孖展，所需費用亦將增加，投資者宜三思而行。

至於一般情況，高通脹是會蠶食資金的實質購買力。若通脹率高達15厘，存款利率僅5厘，這樣實質利率將是-10厘，負值顯示存款收息已不足抵消購買力被通脹蠶食的幅度。當出現上述情況，將會刺激人們把資金從銀行提出來，改而投資在回報較高的投資工具上。

純利

Net Profit

純利，即公司業務營運或銷售收益（營業額），撇除成本開支、營業費用、稅項、利息開支、特殊虧損、聯營公司開支等支出，再加入特殊利潤或聯營公司盈利貢獻等項目，所得出的公司利潤。純利，亦等同股東應佔溢利（profit attributable to shareholders）或年度溢利（profit for the year）。

若要知道公司能力如何，宜翻查其往績表現。如非宏觀經濟逆轉，選股鐵則是摒棄純利未有增長或持續錄得虧損的公司，把它們置於考慮範圍以外。理由是，上市公司盈利能力低（甚至沒有盈利能力），該股自難獲市場追捧，亦難憧憬其股價走勢有條件上揚。即使該股有炒作概念，但有關概念多難以持久地支撐股價，概念一旦消失，該股即有很大下跌風險，甚至跌回最初起步點。

比較盈利的增長幅度，辦法非常簡單，公式詳見下表。不過，即使錄得盈利增長，也應查看該股有否過分依靠特殊利潤；由於特殊利潤屬於非經常性收益，若有關特殊利潤佔純利比重超越 50% ，該股核心業務的盈利質素可想而知。

純利分析公式及比率表例

$$\text{純利變幅}(\%) = \frac{(\text{今年純利}-\text{去年純利})}{\text{去年純利}} \times 100\%$$

$$\text{純利邊際利潤率}(\%) = \frac{\text{純利}}{\text{營業額}} \times 100\%$$

$$\text{稅前邊際利潤率}(\%) = \frac{\text{除稅前經營業務溢利}}{\text{營業額}} \times 100\%$$

$$\text{經營邊際利潤率}(\%) = \frac{\text{經營溢利}}{\text{營業額}} \times 100\%$$

盈利變幅，除左右股民選股的決定，亦影響證券行或基金的投資策略(如增持、減持、沽出等)。假如預測其盈利表現佳，該股在業績公佈前或會被預先炒高，這稱為預做反應(discounting)；相反，所公佈業績遜於市場或證券行的預測，持有者或證券行便會盡快沽貨，由此可能使沽壓驟增。

比較公司純利的逐年變幅，可簡單評估其盈利將會如何。若想從多方面深入分析該股，較常用的評估比率，分別是純利邊際利潤率（net profit margin）、稅前邊際利潤率（pre-tax profit margin）及經營邊際利潤率（operating profit margin）。（公式詳見左頁）

純利邊際利潤率，簡稱為盈利率或邊際利潤（profit margin），是用作衡量純利與營業額（revenue and turnover）的關係，該比率宜與去年數字比較(甚至與過去三至五年數據比較)。若邊際利潤率為20%，即公司每錄得100萬元營業額，將有20萬元純利收益。基本上，邊際利潤愈大愈好，惟礙於各行業風險，周期循環等均不同，評估該公司邊際利潤率表現時，僅宜與同業作比較。

純利邊際利潤率，好處在於運用時簡單、直接。但由於純利這數字，包括所有收入（如特殊項目）及支出（如稅項），故較難全面分析該股的盈利能力。為此，同時運用稅前邊際利潤率及經營邊際利潤率這兩個比率，可彌補純利邊際利潤率不足之處。

稅前邊際利潤率，是將稅項支出及少數股東權益刪除不計算，故能較清楚分析其營運效率。除稅前經營溢利，是經營溢利連同特殊項目、應佔聯營公司溢利等計算而來。該比率特別適用評估國企股盈利能力，因為很多國企公司都依賴稅項優惠去維持純利表現。一旦稅項優惠被取消，其真正盈利能力將受到考驗。

經營邊際利潤率，是用作衡量經營溢利（operating profit）與營業額的關係。由於經營溢利未有計算特殊項目及聯營公司盈利貢獻，故能顯示該股本身盈利能力。假如該股因宏觀經濟逆轉，錄得巨額特殊虧損，拖累純利表現，直接比較其經營邊際利潤較去年同期表現，將可知其核心盈利能力有否改善或增長。不過，若該股主要依靠聯營公司的盈利貢獻來直接支撐純利增長，以經營邊際利潤率去估計其盈利能力，將有斷章取義之可能。故此，如要看清該股的盈利能力，宜從多個不同比率去評估。

營業額

Turnover

營業額，是指公司在該年度內所錄得的營業淨收入（包括所有旗下公司的收入），並已扣除退貨。收入一般有產品銷售和服務收入兩方面。

從營業額分析公司情況，當然是以遞增為佳，這顯示公司營業額逐步改善。若出現倒退或下跌，便需了解背後的原因，看看是短暫性因素關係，還是長期性因素拖累；如果是後者，投資者便應少沾手該股為妙。若營業額出現急升，亦需分析有關營業額增長是由短期性或長期性因素刺激；如果是由長期性因素所主導，投資者不妨考慮中、長線買入。

營業額若逐步遞減，就顯示公司核心業務已有衰退趨勢，縱有盈利支持投資者信心，其業務前景或增值潛力亦難言吸引。遇上經營失誤或經濟逆轉，有關公司或會步上艱辛之途，甚至可能倒閉。

特殊項目

Exceptional Items

特殊項目，指並非由經營業務所錄得的利潤或虧損。假設公司以銷售食品為主，卻大肆投資股票、物業等項目，由這些項目所錄得的利潤將稱為特殊利潤(exceptional profit)，並會列入特殊項目一欄內；若不幸投資失敗，投資項目價格下跌，或需為呆壞帳（non-performing loan or doubtful loan)、壞帳（bad debt）作出撇帳，所錄得的虧損將稱之為特殊虧損（exceptional loss)，同樣列入特殊項目一欄。

依靠特殊利潤去支撐當年的純利增長，已突顯該公司盈利質素有限，管理層作風更應打個折扣。由於特殊利潤是非經常性錄得的利潤，一旦經濟逆轉或稍有差池，公司純利將會倒退或錄得虧損，盈利質素將下降。

若錄得特殊虧損，有關公司的純利將直接受到拖累，甚至使公司轉盈為虧。在九七年金融風暴前，投資者甚少留意到"特殊虧損"一欄；惟風暴之後，大部分公司因投資物業或資產減值、應收呆壞帳或壞帳驟增等問題，都錄得巨額特殊虧損，投資者因而開始留意"特殊虧損"這欄目，並會看看公司受甚麼因素拖累表現。

以廣南集團（1203）為例，該集團截至九八年九月底的九個月內，業績中的特殊虧損高達34.1億元，即使期內營業額為39.2億元，但反錄得32.9億元的虧損。以一間食品公司而言，所錄得的特殊虧損實在驚人。

導致特殊虧損出現，減值撥備 （provision of diminution）屬其中原因。凡公司投資物業、股票、土地等資產，當其價格大幅下降，公司就需為減值差額作出撥備，將有關金額撇帳（write-off)。這些減值撥備，將當作虧損，並列入特殊項目之內。

需作減值撥備，固屬不幸，因整體純利將受到拖累。不過，如果公司有能力作足夠減值撥備，市場反不會擔心有關撥備將在來年再度浮現，拖累未來走勢表現。假如撥備足夠，而已作撥備的資產價格卻回升，並可將之出售，則所得盈利將列入特殊項目內撥回（write-back），這會有助支持盈利增長。

以銀行股而言，呆壞帳、壞帳等特殊虧損，屬拖累純利表現的主因。呆壞帳，等同不履行合約貸款、不履行貸款、問題貸款、呆帳等名詞，是指向銀行貸款者暫停償還債務，卻又未至於無法收回貸出款項；為此，銀行將過期三個月不償還貸款列為呆壞帳，將有關金額作出撇帳，並放在特殊虧損項目之內。至於壞帳，同屬收不到的銀行貸款，但追回來的機會卻微乎其微。

撇帳

Provisioning

撇帳，凡公司未能收回貨物形成壞帳，或其固定資產（如廠房、土地、樓宇等）大幅貶值，又或投資失利，因而使公司出現巨大虧損，有關公司在業績公佈時，都會把該等款項撇除。撇帳過後，資產值或盈利將會下跌。

以銀行為例，銀行主要以貸款賺息為主，它們每年都要為未能收回的壞帳撇帳。銀行如果平均撇帳金額佔貸款比例在 5% 以下，其財政狀況尚屬健全。

在 1997-1998 年的金融風暴期間，多間上市公司因投資方面有巨大虧損，而需要作撇帳。撇除壞帳，會拖累整體業績表現，盈利很多時會較前倒退。

作為投資者，在購買股票時，宜先了解清楚有關公司年內投資及財政狀況（如負債比率、短期債務、長期債務）等。如果該公司的投資作風較穩健(或保守)，擴展業務並非過速，則它們較少出現大幅撇帳。此外，投資者另需細心留意有關公司的經營作風，假如該公司“不務正業”，只顧將股東的資金投入股市炒賣，而本身的資產及現金卻有限；對於這類公司，投資者便需格外小心。

招股書

Prospectus

招股書，屬公司申請上市的全盤資料文件，當中列有多項重要資料。凡新上市公司發售新股，投資者均可透過報章上的招股通告，到有關銀行免費索取招股書，而個別證券行亦會主動為客戶索取。

面對厚厚的招股書，有些投資者或會感到吃不消，但事實上招股書內的內容可給予投資者很多啟示，有助他們在選購新股時作出決定，所以應該細閱。招股書的重要內容包括：

(1) **新股條款**：包括發行股價、往績市盈率、每股預測盈利及派息、市值、每股有形資產淨值、集資用途等，當中以發行股價及往績市盈率最為市場人士注意。假如新股定價低，市盈率又不高，大多不獲市場人士青睞。

(2) **包銷商陣容及發售股數**：包銷商數目及名氣，對認購數目有直接幫助；若配售的新股不多，該股認購數目或以倍計。

(3) **公司往績業務**：包括往績盈利、業務概況、行業前景、產品競爭力、公司歷史及市場地位、董事及管理層背景、公司架構等。若新股的公司業務一般，市場又並非處於牛市，該股的認購反應將遜於其他具概念及背景的新股。

凡有意認購新股者，可在截止申請新股前，要求經紀代辦，每張申請表須繳付50至100元的手續費。當然，投資者亦可親自辦理認購手續，手續很簡單：只需在截止過戶前，將已填妥的白色申請表，連同支票交回指定收集站即可。

認購數目若不足一倍，白表申請者（自行辦理認購手續的投資者）只需在指定日期及報章，核對身分證編號及所獲申請股數即可。若認購數目超出一倍，白表申請者亦需在指定日期參閱有關報章，看看自己有否“中籤”，以及獲認購的新股數目有多少；

而"不中籤"者均獲退還支票。至於透過黃表申請的認購者（即以證券行名義集體認購），負責的證券行會將獲認購的股數按比例自行分配，然後逐一通知有關客戶認購的結果。

招股公司中、英文名

發售新股（new issue），即第一次向公眾人士發售的證券。

* 全球協調人（global coordinator）為全球發售新股事宜，提出運作及協調意見。
* 保薦人（sponsor）為申請掛牌上市公司提出客觀意見的商人銀行（merchant bank）（或聯交所會員等人士），負責籌組有關上市事宜，並將正式上市的申請表格及所有有關文件呈送聯交所，兼就送呈文件及上市事宜與聯交所聯絡。根據聯交所《上市規則》，凡新申請上市公司均需由保薦人協助上市；按聯交所建議，有關公司宜在上市後一年內，仍繼續留用保薦人。
* 牽頭經辦人（lead manager），負責籌組及聯絡經辦團體的策劃公司（或銀行），發揮牽頭作用，同樣活躍於銀團貸款及證券發行的融資安排。若牽頭經辦人為牽頭銀行，替委託公司籌組銀團貸款，牽頭銀行除負責聯絡其他銀行參與貸款計劃外，更會承擔較大的貸款比重。

高級聯席牽頭經辦人（senior co-lead manager）及聯席牽頭經辦人（co-lead manager）負責協助牽頭經辦人策劃融資事宜。

聯席經辦人（co-managers），負責協助牽頭經辦人進行籌組、包銷、管理等工作。

公司國際財務顧問（international financial advisor to the company），為準備掛牌公司提供財務意見。

招股書首頁資料

重要提示

閣下如對本招股章程**有任何疑問**，應諮詢閣下之股票經紀、銀行經理、律師、專業會計師或其他專業顧問。

本招股章程連同附錄十第16段中所述的文件，已經按照香港公司條例第342C條之規定在香港公司註冊處登記。證券及期貨事務監察委員會及香港公司註冊處對本招股章程或上述任何其他文件的內容概不負責。

香港聯合交易所有限公司（「香港聯交所」）及香港中央結算有限公司（「香港結算」）對本招股章程的內容概不負責，對其準確性或完整性亦不發表任何聲明，並明確表示不會就本招股章程全部或任何部份內容所產生或因依賴該等內容所引起的任何損失承擔任何責任。

中國南方航空股份有限公司
China Southern Airlines Company Limited

（在中華人民共和國註冊成立的股份有限公司）

發售新股

每股面值人民幣1.00元的H股1,030,000,000股
其中71,000,000股H股（在若干情況下可予調整）在香港發售
每股H股售價4.70港元
股款須於申請認購時繳足（多收款項將予退還）

全球協調人、保薦人兼牽頭經辦人

高盛（亞洲）有限責任公司

高級聯席牽頭經辦人

大福證券有限公司

聯席牽頭經辦人

中國建設財務（香港）有限公司
里昂證券亞洲

聯席經辦人

正達融資有限公司
中國國際金融有限公司
君安證券（香港）有限公司
百富勤融資有限公司
加拿大怡東融資有限公司
粵海証券有限公司
摩根士丹利添惠
佳活寶信有限公司
滙豐投資銀行亞洲有限公司
國民西敏銀行
寶源投資有限公司

公司國際財務顧問

東方滙理銀行

香港發售是在香港、美國及其他司法地區進行全球發售合共997,800,000股H股（包括代表H股的美國存股證券）的一部份。全球發售包括香港發售、美國發售及國際發售，以及作為國際發售的一部份而向長江實業（集團）有限公司、和記黃埔有限公司、新世界發展有限公司、新鴻基地產發展有限公司及大福集團有限公司的聯號公司配售合共290,477,000股H股。此外，於全球發售前，附屬高盛公司的若干投資基金在一次私人配售中透過高盛公司購買合共32,200,000股新H股，價格與美國發售H股的價格相同。該等32,200,000股新H股的買價須於全球發售截止時同時支付。如果行使超額配售選擇權（定義見本招股章程），全球發售的H股數目可增加最多154,500,000股H股。在香港發售的H股（「發售股份」）數目在某些情況下可通過重新分配全球發售的H股而增加。此外，全球協調人已獲給予一定的酌情權，在全球發售中超額配售及／或在各項發售之間重新分配H股。進一步詳情載於「全球發售」一節。

每股發售股份的價格為全球協調人與本公司所確定的美國存股證券所代表的每股H股的美元價格等值的港幣價格。該價格將釐定至稍低於美國存股證券所代表的每股H股的價格，但在加上香港發售的申請人須繳付（而美國發售或國際發售的申請人則無須繳付）的1%經紀佣金和0.013%香港聯交所交易徵費後，將相等於美國存股證券所代表的H股每股的價格（在需要時將化作整數）。（投資者在美國發售和國際發售中購買H股原應繳付的交易所徵費將由本公司承擔）。每股發售股份價格將不高於4.70港元。發售股份的申請人在申請認購時須支付每股發售股份的最高價格4.70港元連同1%經紀佣金和0.013%香港聯交所交易徵費。倘若按上文釐定的發售股份價格低於最高價格，則多收款項將予退還。儘管全球協調人與本公司可能同意較低股價，但現時預期每股發售股份的價格不會低於3.71港元。申請人需注意，若已商定較低價格，在釐定該價格前提呈之申請最終不可撤回。進一步詳情載於「全球發售」及「申請手續」兩節。倘若因任何理由，全球協調人與本公司不能就美國發售及國際發售的每股H股價格達成協議，則將不會進行香港發售、美國發售或國際發售。預計每股H股之價格將於一九九七年七月二十五日確定，但無論如何不會遲過一九九七年七月二十九日確定。

申請手續載於本招股章程之末。擬代表不同最終受益人分別提交申請的代理人須注意「申請手續」一節。發售股份將於一九九七年七月二十五日星期五上午11時45分開始登記申請，並於同日中午12時截止申請（但可能因「申請手續」一節所述的情況而更改）。倘若H股獲香港聯交所批准上市及買賣，該等H股將獲香港結算接納為合資格證券，自其開始買賣日或由香港結算所指定的其他日期起可於中央結算及交收系統（「中央結算系統」）內寄存、結算及交收。所有中央結算系統的服務均依據其當時有效的一般規則及運作程序進行。

本公司在中國成立，其業務主要在中國境內經營。有意投資於本公司的人士應了解香港特別行政區與中國大陸在法律、經濟和金融制度方面的差異，並應了解投資在中國註冊成立的公司所涉及的各種風險因素。有意投資的人士還應注意中國的監管架構有別於香港的監管架構，及應考慮本公司的股份在不同的市場有不同的性質。此等差異及風險因素已載列於「風險因素」、「附錄六—中華人民共和國」及「附錄九—有關法例及主要監管規定及公司章程概要」等節。投資者還應注意，中國最近才建立規範公司（包括本公司）和證券的監管制度。

一九九七年七月二十二日

投股書資料例釋

(1) 公司概要
- 介紹公司業務、策略及架構
- 經營及財務資料
- 至少三年營業額紀錄 *
- 每股盈利及淨值、市盈率 *
- 全球發售股份概要 *

(2) 時間表
- 包括截止申請、上市、支票退款等日期

(3) 行業及公司潛在風險

(4) 全球發售新股之分佈

(5) 發售新股等集資之用途

(6) 董事背景

(7) 公司狀況、策略及財務資料

目錄

有＊者另附實例以供參考(見後頁)

營業記錄

以下為本公司截至一九九六年十二月三十一日止的三個年度各年之經審核的合併業績概要。此概要乃摘錄自附錄一所載之會計師報告。編製此概要時已假設重組在所示期間開始時已經完成，而該等業務在整個有關期間內由本公司經營。

	截至十二月三十一日止年度			截至一九九六年十二月三十一日止年度
	一九九四年	一九九五年	一九九六年	
		（人民幣百萬元）		（百萬港元）
經營收入	7,592.2	9,032.3	11,386.5	10,621.7
除稅及少數股東權益前的利潤	225.7	499.5	1,260.1	1,175.5
稅項	(40.6)	(124.7)	(375.8)	(350.6)
少數股東權益	(81.6)	(147.9)	(157.5)	(146.9)
淨利潤	103.5	226.9	726.8	678.0

董事會注意到香港上市規則第8.06項規則的規定，即申報會計師所呈報的最近期財務報告的截止日期不得較上市文件日期早逾六個月。但是，董事會確認其已採取必要及適當的步驟，以確

＊ 至少三年的業績紀錄

概要

保除本招股章程所述的情況外，截至本招股章程刊發日期止沒有發生任何足以嚴重影響附錄一會計師報告所包含的本集團資料的事件。

*附註：*人民幣金額乃按一九九六年十二月三十一日1.00港元兑人民幣1.072元的人民銀行滙率折算為港元。

全球發售

本公司現根據並為了全球發售及高盛基金投資發行合共1,030,000,000股新H股。全球發售包括997,800,000股新H股並由香港發售、美國發售及國際發售所組成。作為國際發售的一部份，合共290,477,000股新H股將根據公司配售而配售給公司投資者。此外，在全球發售之前，高盛基金在一次私人配售中透過高盛公司購買合共32,200,000股新H股，價格與美國發售H股的價格相同。該等32,200,000股新H股的買價須於全球發售截止時同時支付。

香港發售是一項已經獲全面承銷的公開發售，在香港初步可供認購的新H股為71,000,000股，平均分為兩組：A組和B組（但香港發售須符合定價協議及「香港發售的條件」一節中闡述的其他條件）。全球發售初步可供認購新H股的餘額為926,800,000股，其中353,513,000股新H股供美國發售，573,287,000股新H股則供國際發售（包括290,477,000股公司配售股）

香港及國際發售新股之分佈

根據美國及國際承銷協議，本公司已授予美國承銷商及國際承銷商一項選擇權，可要求本公司僅為應付全球發售的超額分配而額外發行最多達154,500,000股新H股（可用適當數量的美國存股證券交付）。

就香港發售而言，A組之H股將分配予申請認購H股的總認購價（按申請時應付的價格4.70港元（不包括應付的經紀佣金及香港聯交所交易徵費）計算）為5,000,000港元或以下之申請人，B組之H股則分配予申請認購H股的總認購價（亦按申請時應付的價格4.70港元（不包括應付的經紀佣金及香港聯交所交易徵費）計算）超過5,000,000港元的申請人。申請人僅可獲分配A組或

＊ 全球發售股份分佈

市值、市盈率及每股淨值預測

概要

發售統計數據

	根據每股H股4.70港元的香港發售價計算	根據每股H股3.71港元的香港發售價計算
H股市值[1]	4,841,000,000港元	3,821,000,000港元
預期市盈率		
(a) 加權平均[2]	15.2倍	12.0倍
(b) 備考全面攤薄[3]	16.8倍	13.2倍
每股經調整有形資產淨值[4]		人民幣2.09元

附註：

1 除非另有說明，發售統計數據乃假定超額配售選擇權不會被行使而編製。以港元展示的發售統計數據以及已用於計算預期市盈率之本公司預期盈利已按一九九六年十二月三十一日1.00港元兑人民幣1.072元的人民銀行滙率由人民幣折算為港元。假設香港發售所發行H股之4.70港元及3.71港元之香港發售價並未包括1%經紀佣金及0.013%香港聯交所交易徵費。

＊ 年度預測資料(1)

盈利及每股盈利預測

概要

截至一九九七年十二月三十一日止年度的預測

除稅及少數股東權益後但未計非經常項目前的合併利潤預測[1]	不少於人民幣880,000,000元（821,000,000港元）
每股利潤預測	
(a) 加權平均[3]	人民幣0.33元（0.31港元）
(b) 備考全面攤薄[4]	人民幣0.30元（0.28港元）

附註：

1 編製上述利潤預測的基準載於「有關本公司及其業務之資料 — 利潤預測」一節及附錄三。

2 人民幣金額已按一九九六年十二月三十一日的人民銀行滙率1.00港元兑人民幣1.072元換算為港幣。

3 以加權平均基準計算的每股利潤預測，乃以截至一九九七年十二月三十一日止年度除稅及少數股東權益後但未計非經常項目前之綜合利潤預測為根據，及按預期在該年度中已發行股份的加權平均數2,629,166,667股計算（假設超額配售選擇權未獲行使，及不考慮南方航空除根據全球發售及高盛基金投資外可能發行或購回的任何股份，根據緊隨全球發售及高盛基金投資完成後已發行的合共2,920,000,000股計算）。

＊ 年度預測資料(2)

資產淨值

Net Asset Value, NAV

資產淨值，簡稱“NAV”(Net Asset Value)，是一個會計學上的名詞。將上市公司的總資產減去總負債，然後除以該公司的權益證明(例如股票的數目)，所得便是資產淨值。這個數據是反映股東在該公司資產中所佔的實際權益。假若公司需變賣資產償還債務，股東可取回之數便以此數據作參考。

通常，資產淨值是以每一份股票的單位計算，例如某公司的每股資產淨值為一元，即是從帳面上，扣除總負債之後，每份股份能夠獲得一元的資產。資產淨值是一個會計概念，但公司的股價則由市場決定，由於股價有升有跌，所以每股資產淨值有可能高於或低於公司股價。

股價高於資產淨值，是並不奇怪的，因為股價是基於公司的盈利能力，而並不基於公司的資產淨值。可是，如果公司的每股資產淨值遠高於股價，便要留意。例如有些公司的每股資產淨值，是高於股價的四、五倍，那麼把公司結束，然後贖回公司的債項，再把資產賣出，股東所能收取的現金仍遠高於市場上股票的價格。那麼，這樣的公司便有投機的價值，因為這類公司可能會被人收購，或公司大股東可能會作出私有化的建議。

財務報表

Financial Statement

財務報表，即顯示企業財政狀況的報告表。透過財務報表，投資者及證券行將更清楚有關公司的往績財政狀況，有助他們對公司業務作出分析。

財務報表中，較為常見的包括資產負債表(balance sheet)、損益表(statement of income)、綜合財政報表(consolidated financial statement)等。資產負債表，列明公司資產、負債及股東股本利益(shareholer's equity)。損益表，則詳列公司新近年結(備有往績數據作比較)的銷售量／營業額、營運收益及開支、稅項及利息開支、純利、股息、每股盈利等資料，有助投資者分析其經營效率及盈利能力。至於綜合財政表，則列明控股公司及旗下公司的財政狀況，並綜合地將帳目列出。

上述各報表顯示有關公司財政狀況的不同方面，值得投資者深入分析。

資產負債表

Balance Sheet

資產負債表，列明公司資產（assets）、負債（liabilities）及股東股本權益（shareholder's equity）在特定時間內的變化。投資者若有意了解清楚資產負債表的內容，可參考上市公司的年報。

資產一般分為固定資產（fixed asset）及流動資產（current asset）。固定資產，是指公司的設備及房地產；流動資產，則指現金、客戶欠款、貨倉存款、短期投資、股票等項目。

負債通常可分為長期負債（long term liabilities）及流動負債（current liabilities）。長期負債，是指長期銀行貸款及抵押貸款等，流動負債是指短期貸款、公司應繳稅項及利息等。

若要計算有關公司的負債能力，可根據上述資產及負債，應用各項財務比率分析即可。若要衡量該股償還流動負債能力，宜計算其流動比率（current ratio），計算數值愈大愈好，計算方法則是流動資產除以流動負債，再乘以百分比。

股東股本權益的計算方法，則是資產總值減去負債總值。

財務比率分析摘要

比率	計算公式	應用
流動比率	$\frac{\text{流動資產}}{\text{流動負債}} \times 100\%$	衡量償還流動負債的能力。
每股資產淨值	$\frac{\text{股東權益}-\text{非有形資產}}{\text{已發行普通股股數}}$（元）	衡量股票現價與每股淨值相較的折讓或溢價。
資本回報率	$\frac{\text{純利}}{\text{股東股本}} \times 100\%$	衡量股東投資的盈利率。

資產負債表內容項目

資產負債表 BALANCE SHEET

一九九八年十二月三十一日 (以港幣百萬元位列示)	at 31 December 1998 *(Expressed in millions of Hong Kong dollars)*	附註 *note*	1998	1997
資產	**Assets**			
庫存現金及短期資金	Cash and short-term funds	*9*	**79,073**	54,646
一個月以上之定期存放同業	Placings with banks maturing after one month	*10*	**39,024**	22,673
存款證	Certificates of deposit	*11*	**7,457**	4,718
持作買賣用途之證券	Securities held for dealing purposes	*12*	**149**	757
客戶貸款	Advances to customers	*13*	**103,804**	104,337
直屬控股公司及同母系附屬公司欠款	Amounts due from immediate holding company and fellow subsidiary companies	*15*	**8,478**	6,608
附屬公司欠款	Amounts due from subsidiary companies	*16*	**126,480**	137,672
其他資產	Other assets	*17*	**8,051**	7,935
			372,516	339,346
投資證券	Investment securities	*18*	**12,235**	7,627
附屬公司投資	Investments in subsidiary companies	*19*	**1,867**	1,867
聯營公司投資	Investments in associated companies	*20*	**48**	48
有形固定資產	Tangible fixed assets	*21*	**8,737**	13,834
			395,403	362,722
負債	**Liabilities**			
往來、儲蓄及其他存款	Current, savings and other deposit accounts	*22*	**341,949**	311,212
同業存款	Deposits from banks	*23*	**8,345**	2,565
擬派股息	Proposed dividend	*7*	**3,862**	3,865
直屬控股公司及同母系附屬公司存款	Amounts due to immediate holding company and fellow subsidiary companies	*15*	**2,148**	599
附屬公司存款	Amounts due to subsidiary companies		**103**	94
其他負債	Other liabilities	*24*	**10,405**	10,838
			366,812	329,173
資本來源	**Capital resources**			
股本	Share capital	*26*	**9,559**	9,566
儲備	Reserves	*27*	**19,032**	23,983
股東資金	Shareholders' funds		**28,591**	33,549
			395,403	362,722

艾爾敦 *董事長* — **David Eldon** *Chairman*

鄭海泉 *副董事長兼行政總裁* — **Vincent H C Cheng** *Vice-Chairman and Chief Executive*

利漢釗 *董事* — **H C Lee** *Director*

馬廣榮 *秘書* — **K W Ma** *Secretary*

第八十九頁至第一百三十五頁之附註乃屬賬項之一部份。

The notes on pages 89 to 135 form part of these accounts.

＊ 資料來自《恒生銀行一九九八年年報》

核數師意見

Auditor Opinion

根據公司法規定，上市公司在公佈帳目前，均需將有關數據交予核數師審核，以確保股東或投資者利益。核數過後，核數師將會在公司年報 (annual report) 內刊載其意見，箇中內容就是核數師對該公司年報的意見。

分析股票前景，除仔細分析其基本因素外，核數師的話實際頗有參考價值。根據公司條款（The Company Ordinance），公司董事必須編製既真實且公平的財政報告，一旦核數師肯在核數師報告（reports of the auditors）一欄內，指有關公司的財政報告均真實而公正地（give a true and fair view）反映其財政狀況，該公司業務應不會出現突發利淡因素，例如撥備不足、審核數據受嚴重限制等。

一旦核數師在核數師報告一欄內，對有關財政報告有保留意見(qualified opinion)，間接代表核數師對部分內容有所保留，且與公司管理層未能達到共識。從壞的方面看，有關股份業務或有其他問題，隨時可能浮現。

以熊貓電子（0553）九八年度業績為例，虧損擴大至4.96億元人民幣，營業額達16.68億元人民幣；換言之，每錄得100元人民幣的營業額，將有30元人民幣虧損，業績可想而知。核數師更表示對其財政報告有保留意見，因公司應收帳及存貨撥備不足。核數師既忠實報告，投資者應知道如何自處。

保留意見有多種，各個字眼有不同程度的意義。"保留意見"一項，主要分"拒絕發表意見"（disclaimer of opinion）和"否定（或反對）意見"（adverse opinion）兩項。凡財政報告內核數師一欄上，核數師拒絕發表意見，即間接顯示核數師未能取得充分及適當數據去完成審核工作，由此令審計範圍受到有限或嚴重的限制。至於否定（或反對）意見則是更差的評語，它表示核數師未能調整及確定有關數據，兼未能以一貫原則去完成審計工作，以致令財政報告無法接受。凡見核數師在年報內表示否定(或反對)意見，已間接確定核數師與管理層根本未達成共識，但公司卻已趕在業績公報前刊製財政報告。既然核數師提出忠告，表示否定(或反對)意見，投資者亦宜小心，最好把有關股份先沽出，而未買入的投資者則宜將有關股份列入黑名單內。

息率

Dividend Yield

息率，為派息率的簡稱，是以上市公司新近公佈的往績每股派息（dividends per share）除以該股現價，然後再乘以100%計算出來。由於需以股票現價作計算的基數，所以往績息率是會因應股價波動而作出變動。

每股派息，為股東實收的回報。對於短線投資者而言，最希望是能夠既賺取股票升值所帶來的利潤，又同時收取派息回報。因此，如果公司的純利能逐年遞增，又能適當地給予股東回報，將每股股息相應地增加，不但能支持股價和流通量，而且對吸引一般投資者，以至基金和大證券行，均相當有幫助。

對長線投資者（如退休基金和大證券行）而言，上市公司的往績派息紀錄，是選股的重要考慮因素之一。若該公司在過往三至五年間，每股派息未有遞增(甚至不派息)，準備購買該公司股份的長線投資者就應再三考慮，詳細調查箇中原因。即使長線投資者已買入該公司股票，長線投資者亦應以其派息情況，衡量應否繼續持有該股。假如該股的派息銳減(甚至不派息)，並被確定派息情況在短期內難以改善，而其業務前景亦無過人之處，長線投資者或應減持（甚至沽出）該股。

從往績每股派息的紀錄，投資者將可知道該上市公司的派息情況，以此可以間接分析其經營狀況，以及有否善待股東等。一般而言，大部分股票的往績息率均在10%以下。若有能力派高息，而息率並非因股價大跌所致，則該股股價走勢將較堅挺，甚至有機會進一步向上。

由證券行及基金評估的預測每股派息，可計算出預測息率（estimated dividend yield）；預測息率可以更有效地為投資者評估該公司的派息前景。往績息率和預測息率的計算公式如下：

$$往績息率 = \frac{往績每股派息}{股份現價} \times 100\%$$

$$預測息率 = \frac{預測每股派息}{股份現價} \times 100\%$$

若要評估派息合理與否，則需借助派息比率（dividend payment ratio），以衡量上市公司每股盈利及每股派息的能力。派息比率如僅為5%，突顯出該公司的賺錢能力與派息給股東的慷慨程度是背道而馳，辜負了長線投資者的支持。但派息比率如超逾70%，又不利公司的長遠發展，因備用資金或不足應付未來開支。最合理的派息比率，應為30%–50%，因上市公司既能給予股東適當的回報，又有資金支持未來的發展大計。派息比率的計算公式如下：

$$派息比率 = \frac{每股派息}{每股盈利} \times 100\%$$

市盈率

Price-to-earnings Ratio, P/E Ratio

所謂市盈率，是會計財務學上的一個比率，是以股價除以每股盈利而得出來。或者，再簡單一點說，這個比率就等於回本期。若某股的市盈率為20倍，即表示投資者須持有該股約二十年，才有機會完全回本(這裏假設每股盈利不變)。假如每股盈利增長理想，則持有該股的回本期將會縮短；自然，回本期是愈短愈好。

由於股票的市盈率等於股票的回本期，市盈率愈低即回本期愈短，所以市盈率也是愈低愈好。

市盈率可分為歷史市盈率和預期市盈率。一般人所說的市盈率，是歷史市盈率，即以有關股票現價除以最新往績的每股盈利來計算。不過，在買股票應買其前景的大前提下，投資者更應考慮該股的預期市盈率。預期市盈率，是利用每股的預期盈利來計算的；不過，由於各證券行或基金對預測每股盈利評估不一，因此預期市盈率也僅屬參考數據。至於哪個預期市盈率較可信，可看有關證券行或基金的預測往績作判斷。

無疑，市盈率能夠簡單、快捷地幫助投資者衡量個別股票的投資價值。但若單以市盈率的倍數去決定該股是否值得買，似乎不是最佳的方法。以市盈率選股，最好留意以下四點：

(1) **股價走勢**：假如往績每股盈利不變，股價的升勢將直接刺激市盈率上升。換句話說，市盈率升跌與股價供求是有關的。在1997年牛市期間，中國光大控股，在人為炒作下，其市盈率曾高達1000倍以上，即回本期需一千年以上，股價升幅可謂已與其基本因素脫鈎，追買或持有該股的風險可想而知。

(2) **每股盈利的增長走勢**：了解往績每股盈利增長的好處，就是認清該公司的經營往績如何，若每股盈利反覆無常，時好時壞，即使該公司的最新往績每股盈利錄得佳績，往績市盈率被拉低，但並不等於其市盈率可持續維持於較低水平。

(3) **宜先與同類股票的市盈率比較**：不同行業的回報率和投資風險都不一，所以各類股票的合理市盈率亦不同。以優質基建股及公路股為例，若非處熊市，該類股的市盈率應值十倍或以上，因其投資風險極低。

(4) **宜先考慮大市氣氛**：大牛市時，二、三十倍市盈率的股票，也有很多人追捧，原因是市場資金太多，而投資者購買股票很多時與股票的基本因素無關。相反，若處熊市時，即使市盈率不足十倍，該股亦未必吸引到投資者購買，因市盈率之所以偏低，或與股價大跌有關。

恒生指數市盈率周線圖趨勢
（1995年10月11日至1999年4月30日）

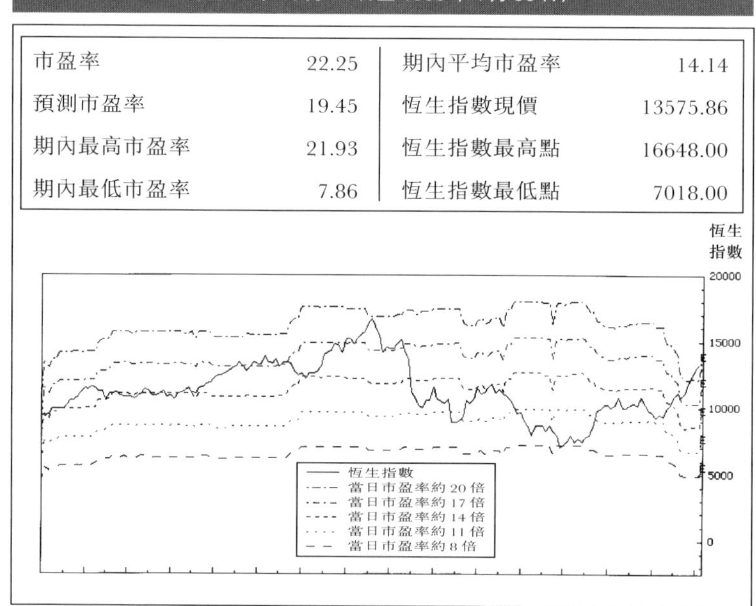

市盈率	22.25	期內平均市盈率	14.14
預測市盈率	19.45	恒生指數現價	13575.86
期內最高市盈率	21.93	恒生指數最高點	16648.00
期內最低市盈率	7.86	恒生指數最低點	7018.00

＊資料來自彭博通訊社（Bloomberg），截至1999年5月5日。

負債比率

Debt Ratio

負債比率，可分兩種。若以股東權益（equity）作為基數計算，則稱為負債與股東權益比率(debt-to-equity ratio)；若以公司資產(asset)作為基數計算，則稱為負債與資產比率(debt-to-asset ratio)。

上述兩種負債比率，主要是衡量公司的借貸水平相對股東權益或公司資產是否過高。若負債比率極高，該公司的財政狀況便值得關注。

至於負債比率，在甚麼水平才是健康，這並無一定標準，但可以從兩方面去衡量：

(1) 與同類股票比較，看看該股的負債比率是否低於同一行業公司的平均負債比率。以行業劃分作比較，好處是能因應不同行業的投資金額來衡量，例如基建股、地產股、公用股、工業股等投資金額較高，負債比率也較高，而銀行股的負債比率由於投入金額較小，負債比率相對較低。

(2) 因應市況的變動，對負債比率作不同衡量。若處牛市，負債比率較高者，只要盈利能力及效率高，而其行業並非是夕陽工業，則市場較少以其負債比率的水平作主要考慮因素，因為市場相信公司的投資金額雖不少，但盈利回報亦將會相應增長。可是，若處熊市時，負債比率高的股票因受市況、息率上升等因素拖累，其股價表現將受到衝擊，而本來被視為進取的作風，亦會被市場負面看待，因為市場會認為公司投資愈巨，壞帳的機會愈大；反而一些負債比率低的股票，在此市況下，會較受市場追捧。

關於負債比率的計算方法，茲列如下：

$$負債與股東權益比率 = \frac{負債金額}{股東權益} \times 100\%$$

$$負債與資產比率 = \frac{負債金額}{資產} \times 100\%$$

公司動態

注資

Asset Injection

所謂注資，就是把一些資產注入已上市的公司。以上海實業(0363)為例，其母公司為上海市政府，而上海實業的業務主要為製造、銷售香煙，包裝材料及藥品銷售。上海實業的市盈率曾經高達六十多倍。本來，以上海實業的業務，當時絕對不能支持這麼高的市盈率；因為以六十多倍市盈率來計算，即表示把所有盈利全數以股息來派發，也要六十多年才能達到當時的股價。

不過，因為上海實業的母公司為上海市政府，而其母公司在內地尚有很多優質資產，假如母公司把內地的優質資產注入上海實業，上海實業的市盈率便會下降，直至一個合理的水平。例如母公司注入等同上海實業的資產淨值的內地資產入上海實業，以市盈率十倍入帳，那麼壯大後的上海實業，其市盈率便會下降至三十多倍。如果注入的資產更多，或者入帳時的市盈率更低，就會令到上海實業的市盈率進一步下降。因此，紅籌股的市盈率高是有其原因，因為有注資概念。

集資

Capital Raising

集資，即籌集資金。除上市公司外，其餘有限公司均無權向公眾提出集資的要求。無疑，上市公司之所以較有限公司具優勢，就是其上市地位，有利集資。所以，個別銀行對上市公司的貸款審核亦較寬鬆。

在股票市場集資，上市公司可透過供股或批股的方式進行。若處牛市，市場資金極充裕，大部分公司供股或批股，均可獲不俗的認購反應，股價可利用集資的消息而藉口炒高。為爭取資金發展或還債，上市公司在市旺或牛市期間，均會施展各種方式向股東"抽水"（吸取資金）。以1997年牛市期間為例，年內批股及供股的數目高達382宗，涉及金額超過150億元。

對於公司提出的供股及批股建議，投資者在申請前，宜考慮以下三方面：

(1) **市況**：市況興旺與否，對集資股份的走勢有很大影響。如在牛市期間，集資的股份往往會被藉口炒上，因集資之舉被視為有正面影響，有利公司長遠發展。

(2) **集資用途**：凡宣佈集資，該公司均需列明集資用途，如應付收購、擴展、還債等項目的金額比例如何。若將籌集的資金大部分用來還債，則該股走勢或會稍遜，因還債除突顯公司的財政有問題外，對業務發展也無甚幫助。

(3) **集資往績**：公司集資往績，絕對有啟示作用，個別公司如在同年內曾集資數次，但經營狀況及股價均無起色，其業務質素可想而知。當該公司再有集資行動時，只會令股東裹足不前，認購股份的金額亦自然不容易達到；而市場方面，持股者聞知該公司又再集資的消息，可能會加快速度清貨，以免利益受損。

銀團貸款

Syndicated Loans

企業貸款，一般會向相熟銀行商討，利息通常是銀行同業拆息或優惠利率加上一個議定的百分比點子。不過，對於龐大的貸款要求，單一銀行未必可應付或承擔有關風險，為此，多間銀行便會聯合起來，共同負責融資貸款，各按所承擔貸款的百分比貸出資金，組成銀團貸款。

銀團貸款的安排，全因有關企業需要巨額融資作長線發展，所發展項目例如大型屋邨、機場、鐵路等。銀團貸款的還款條款，是由借款人、告貸人（貸出資金的銀行）、經理人（負責籌組銀團貸款的金融機構）、代理（負責執行監管貸款合約的機構）等議定和執行。

以銀團貸款集資，好處在於有關企業可一次過作巨額融資，若有關企業屬上市公司，其銀團貸款的通告內容需刊登於報紙上或刊發在大利市機內，原因是有關內容將對股東或股價有一定影響，不過，由於以銀團貸款集資，股東的每股盈利或股權不會被攤薄，這對股價造成的沽售壓力一般會較小。

雖然銀團貸款有以上好處，但並非所有公司的融資要求，都會獲銀行或銀團接受，因這些巨額融資屬長期貸款，有關銀行必須對公司的背景進行詳細審核。假如公司的條件不符合貸款要求，這些公司便只能向股東集資（集資形式可以是批股或供股）。

另外，投資者又需注意銀團貸款的到期日子。由於借貸人在還款日期前必須備有巨額資金以應付財政需要，若其財政實力不足或因特殊項目拖累財政，則有關公司的股價將受到一定沽壓。為瞭解這些公司的負債情況，投資者宜先翻查它們的年報資料。

批股

Share Placement

批股是上市公司一種集資形式，通常是透過發行新股，達到擴大股本的目的。不過，這些新增的股本，是售予第三者而非現有股東。

為甚麼上市公司要批股而不去供股呢？原因很簡單，因為供股要現有股東按現時的持股量，去認購公司新股；如果股東不想去認購新股，他唯有把供股權賣出，或者放棄供股。不過，有些股東因不想股份被攤薄，而"被迫"去供股，可是如果他手上沒有餘錢時，他可能會出售所持股票以供股，結果對於公司的股價造成壓力，所以一般小投資者都不喜歡公司供股。

如果公司有些很好的投資項目，希望籌集資金，批股可以是另外一個途徑。例如在財經新聞中，經常聽到某某公司"以先舊後新方式，批出XX數目的股份給予獨立第三投資者"。所謂先舊後新方式，是指公司先把舊有的股份售予獨立第三投資者，然後再發行新的股份。而獨立第三投資者，通常是指一些基金公司，它們主要買入公司股份以作投資。因為有新的股東入股，而基金公司的持股策略是中長線的，加上現有股東不用供股，所以對於公司股價影響較微。如果獨立第三者是有名望的投資者，甚至對股價有正面影響。

借錢認購新股的成本表例

假設：認購股數：100 萬

招股價：每股 $3

息率：10 厘

貸款期：7 天

貸款額（以一成按金，九成借貸計）：招股價 × 認購股數 × 借貸成數

= $3 × 1,000,000 × 0.9

= $2,700,000

按金：招股價×認購股數×按金成數

= \$3 × 1,000,000 × 0.1

= \$300,000

總利息金額：貸款額×（息率×貸款期÷全年日數）

= \$2,700,000 ×（0.1 × 7 ÷ 365）

= \$5,178

超額認購倍數（倍）	估計可認購股數△ $\frac{1}{超額認購倍數}$×認購股數	每股成本價 招股價＋$\frac{總利息金額}{可認購股數}$	每股打和點（與招股價比較） $\frac{每股成本價－招股價}{招股價}$× 100%
10	100,000	\$3.05	+1.7 %
50	20,000	\$3.26	+8.6 %
100	10,000	\$3.52	+17.3 %
500	2,000	\$5.59	+86.3 %

△ 實際分配，須視乎包銷商決定。

供股

Right Issue

所謂供股，是指公司發行新增股票給予現有股東認購。股東可以按自己的持股比例去認購股票。例如某公司以二供一方式去供股，即是指原有股東手持每兩股舊股，就可以有權去購買多一股新股。

公司之所以供股集資，通常是為了作新增投資，或者減債。如果公司有充分理由去供股，例如作新投資，而新投資預計可以增加公司盈利，那麼供股未必是一件壞事，因為供股之後，公司的盈利會因新增投資而增加，這會對股價有支持，甚至令股價上升。

不過，一般散戶會把供股看成一種負面的公司行動，因為這要小股東付出額外的投資，但不是所有股東都願意作出更多投資。所以，當公司宣告供股時，現有股東會收到供股權利，叫做供股權。如果股東不想供股，可以放棄這個權利，或者在市場上把這供股權沽出套現。這種供股權是可以在聯交所中買賣，不過壽命較短，通常只有一至兩星期。一般情況，公司為了吸引股東供股，會把供股價調低，相對正股價格有些折讓。不過，這又會使股價受壓，再加上這些新股會把公司每股盈利攤薄，難怪一般散戶都不喜歡供股。

供股權

Rights

一間公司如果因業務發展需要資金，除了發行債券、批股外，還可供股集資，而供股的目的，是為了維持每位股東所佔公司發行股本的百分比，避免股權被攤薄。究竟供股權的理論值是如何計算呢？

例如有一間公司需要購買機器去發展業務，該公司所需的資金為 10,000,000 元，於是公司決定供股去集資。假如公司現價為60元，為了吸引股東去供股，供股價必須比正股現價有所折讓，例如以 50 元供股。若要籌集 10,000,000 元，即是要發行 200,000 股（10,000,000 元 ÷ 50 元 = 200,000 股）。如果未供股之前，公司股份數目為 4,000,000 股，因集資而發行的 200,000 新股，便為總發行量的二十分之一。那麼，每位股東供股的比例，就是每持有二十股便有權以 50 元去供一股新股。

表面上以較低的價錢去購買新股，好像很有利，但不要忘記，因為公司發行的股數多了，公司短期的盈利將會被攤薄。如果股東因為資金關係，不想供股，可以考慮把供股權在市場上出售。而供股權的合理價值可以用以下公式計算：

$$\text{供股權價值} = \frac{\text{未除權股價} - \text{供股價}}{\text{供股所需股數} + \text{所供股數}}$$

運用公式計算上例的供股權價值，即為：

$$\frac{\$60 - 50}{20 + 1} = \$0.48$$

不過，在市場沽出供股權，所得的金額不一定可彌補除權前持有正股的虧損。原因是：若要獲得供股權，投資者須持有正股至供股除權日(簡稱除權日)，但正股股價在除權日開市前是會作調整；換句話説，正股股價將下降。因此，即使將供股權沽出，也僅彌補正股股價下跌的損失。若非供股權價格被特別炒高，投資者應無多大利益；反之，他們可能要面對正股價格下跌的風險，最終有可能得不償失。

供股權的理論價值及除權後的合理價值

假設：A股進行五供三計劃，除權前一天的收市價為2元，供股價為1.5元（即較除淨前的股價有25%折讓）。

供股權的理論價值

$$= \frac{\text{正股價} - \text{供股價}}{\text{供股比例的總數}}$$

$$= \frac{2\text{元} - 1.5\text{元}}{(5+3)}$$

= \$0.063 元

供股權在除權後的合理價值△

$$= \frac{\text{即日收市價} - \text{供股價}}{\text{配售新股所需股權的數目}}$$

$$= \frac{(1.81\text{元} \times 1.3\text{元}^{*} - 1.5\text{元})}{5}$$

= \$0.17 元

~~~~~~~~~~~~~~~

△ 合理價值並非實際價值，因價格受需求牽引。

* 假設正股當天的收市價較開市前的調整價有30%升幅。
~~~~~~~~~~~~~~~

紅股

Bonus Share

紅股，即公司向股東額外派發的股份。如宣佈五送二，表示股東每持有五股股票將獲派送兩股紅股。紅股派發的目的，主要是希望給予股東回報，但又不欲大灑金錢，於是透過派送紅股，使股東持有的股數增加。

宣佈派送紅股的時間，大部分公司均會選在中期業績或末期業績宣佈時一併公佈。如有意獲得紅股，投資者應持有正股至紅股除淨日(即截止過戶日之前兩個交易日)，始有權利得到派送。

免費獲得派送紅股，大部分投資者當會無任歡迎，若處牛市或市場氣氛佳的情況，派紅股這消息更會刺激股價上升，正股可能因而被投資者追捧。為吸引長線投資者持有，個別股票（例如東亞銀行(0023)）更維持經常性或不定期的紅股派送。

紅股派送，表面上屬百利而無一害，但其實僅是掩眼法。原因是：當派送了紅股，該股的每股盈利便會隨着發行股數增加而下降，每股盈利也會受到攤薄，每股淨值因而相對下降，市盈率亦會相應上升。而股數的增加，實際只是彌補了上述每股盈利及淨值的下降。

在紅股除淨日當天，該股股價會在開市前調整，以反映已發行股數的增長；除淨過後，股價將作適量調整。舉例來說，假設正股除淨前價格為1元，股東每持有三股將獲二股紅股派送，除淨日開市時調整價將如下：

$$\text{開市前調整價} = \frac{1\text{元} \times 3}{(3+2)} = 0.6\text{元}$$

股息

Dividend

買賣股票的目的無非是為了盈利。股票的盈利可分為兩類，一是股價上升所帶來的資本收益，另外一種是公司所派送的股息。通常，一些公用類股份所派送的股息會較高，有些公司所派的股息息率，甚至高於銀行存款利率，吸引不少長線投資者購買其股份。

公司派息一般一年會有兩次，分別是中期息及末期息。一般情況之下，末期息是較中期息為多。究竟誰有資格去領取股息？如果投資者在公司的股東名冊上有其名字，便有資格去領取股息。如果剛在市場購買股票而又想拿取股息，便要把股票過戶，即把股票交回公司的註冊處把股東名字轉回自己。那麼收股息時，公司便會把股息的支票及公司的年報，按着股東名冊上的股東地址，寄回給股東。另一個辦法是把股票寄存在經紀行內，因為現時大部分的股票都是中央結算的，所以經紀行所持有的股票也在中央結算系統內。因此，公司的股息可以先行發放給經紀行，再由經紀行轉給股票的持有人。當然，這種代收股息的服務，經紀行會收取一些費用。

除息

Ex-dividend

公司由宣告派息，到落實派息是相距一段時間。例如某股票的年結為12月。那麼，根據聯交所的規例，公司的業績公佈期必須在年結之後六個月內公佈。假設公司在翌年六月中公佈業績，並同時宣佈派息詳情及派息日期；如當時公司股價是10元，宣佈在7月1日派息0.5元，那麼公司的息率便為五厘。

由於只有在公司股東名冊上有名字者才可收取股息，所以在公司宣告業績及派息詳情之後，在大利市機上會刊載公司的最後截止過戶日期。從公司宣告派息之時至派息之日，其間會相距一段時間；投資者在這段時間買賣公司股份，能否收取股息，需視乎投資者是否為註冊股東，即他在截止過戶前買入股票還是在截

股息派送及除淨價計算方式表例

假設：持有200,000股，該股於除淨日前的收市價為3元。

派息情況	除淨：計算方式	除淨：每股除淨價	應獲派送△
(1) 每股派息0.1元	除淨前股價－每股派息	2.9元 (3.00元－0.1元)	20,000元 (0.1元×200,000)
(2) 每股派息0.1元(以股代息)	除淨前股價－每股派息	2.9元 (3.00元－0.1元)	6,900新股 (0.1元×200,000) / 2.9元
(3) 每股獲送2紅股(即1送2紅股)	除淨前股價×原來股數 / 經送股後股份總數	1.0元 (3.00元×1) / 1＋2	400,000新股 (200,000×2)
(4) 每股派息0.1元，另1送2紅股	(除淨前股價－每股派息)×原來股數 / 經送股後股份總數	0.967元 (3.00元－0.1元)×1 / 1＋2	20,000元 +400,000新股

△ 持股至除淨日後。

止過戶後才買入。如在截止過戶日期前買入，則投資者會有充足時間把股票過戶，可以趕及在派息之前成為公司股東，並能收股息；而在截止過戶日期後買入股票，因為已過了截止日期，投資者的名字沒有列入股東名冊之內，所以不能收取股息。

由於在公司宣告派息之後，截止過戶日期之前，投資者已經知道公司將會派多少股息，因此股價已經包含了股息（cum-dividend）。在截止過戶日期前的兩個交易日，便是除息日（ex-divivend day），所派的股息會在當天的股價中扣除。例如，某股股價在除息日前一天為10元，股息為0.5元，那麼在除息日，開市的股價便會變為9.5元。因為當天投資者已預知會收到0.5元股息，所以股價加上股息，相等於未除息之前的股價，投資者的利益並沒有減少。

由於在除息日股價會下調，所以人們會有一個錯覺，以為股票變得"抵買"(值得買)，因此有"炒除息"的說法。一些投資者會在股票除息當日買入該股，然後等候股價反彈再沽出套現獲利。

除權／除淨

Ex-right / Ex-all

如果公司為集資而需要供股，在截止過戶日期之前，供股權是屬於擁有該公司股票的人士。例如公司股價為7.2元，因為公司要集資以作營運及減債之用，所以便宣佈供股集資，每五股供一股，公司股份的總數便擴大了20%。因公司的盈利在短期內沒有改變，所以增大股本數目只會拖低公司每股盈利，故有需要在股價上作出調整。

以上例子，調整的方法如下：

$$\text{新股價} = \frac{\text{舊股價} \times \text{所需供股股份數目}}{(\text{所需供股股份數目} + \text{可從供股所得股份數目})}$$

$$= \frac{7.2\text{ 元} \times 5}{(5 + 1)}$$

$$= 6\text{ 元}$$

所謂除權日，就是聯交所把股價根據上述方法調整的那天。在除權日之前，投資者持有五股每股7.2元的股票，總值36元。在除權日之後，投資者持有六股股票，但股價卻調整至6元，股票總值仍是36元，投資者的財富沒有增加或減少。除了除權，類似的調整便是當公司送紅股（bonus share）的時候。有些公司為了減低派息金額而派送紅股，如果投資者在截止過戶日期之後才購入股票，便不能收取紅股。送紅股之後，由於股數增加而攤薄每股盈利，所以通常股價都會作出相應調整。

若公司有任何行動而令股價作出調整，皆統稱為除淨；而這些行動包括派息、派現金紅利、派股、除權等。至於在除淨日炒賣這類股票，一般稱為“炒除淨”。何以會“炒除淨”呢？因為無論是除息還是除權，最後都會導致股價下降，而股價下降往往會令投資者心理上覺得該些股票“抵買”（值得買），因而購入，由此造成在除淨日之後這類股票的股價上升。

除權日開市前的調整價計算公式

假設：A股進行五供三計劃，除權前一天的收市價為2元，供股價為1.5元（即較除淨前的股價有25%折讓）。

除權日開市前的調整價

$$= \frac{(\text{除淨日前一天的收市價} \times \text{每股持有股份的基準}) + (\text{供股價} \times \text{股份的可配售數量})}{\text{供股比例的總數}}$$

$$= \frac{(2\text{元} \times 5) + (1.5\text{元} \times 3)}{(5 + 3)}$$

$= 1.81$ 元

增持

增持，意即股東或公司本身增加持有股份數目。一般散戶增持股份，因礙於購買力有限，即使買盤不少，對股價走勢亦難起左右作用。相反，公司股東或公司本身增持或回購，則會引起投資者注意，因該批人士極接近公司資料，遠較其他人清楚公司的財政狀況、未來發展概況等底細。因此，若個別股票持續被大量增持或回購，這些舉動必會引起投資者多方揣測。

大股東增持或減持股份，聯交所會盡快將股權變動資料刊發給傳媒，投資者通常可從報章的股市行情表知道。一般來說，股東增持或減持公司股份，將較公司本身回購股份更值得留意。因為大股東需以真金白銀去增持，有別於公司回購只需動用公司資金。

股東增持可有以下的指標作用：

(1) 股東增持股份，以作直接投資；這種情況經常發生在二、三線股或莊家股身上。但這些二、三線股的股權變動，其指標作用遠不及股價較大的藍籌股，因股價較高的股份，大股東需以大量金錢才能增持一定百分比的股票。故此，凡大股東增持公司股份，市場會認為預示了大股東看好公司前景，或認為股票現價已低於實際價值；當然，若大股東減持公司股份，則一切看法相反。以長實主席李嘉誠為例，他每次增持股份的數目及平均買入價，均為傳媒廣泛報道，被看作正股（甚或大市）後市走勢的重要參考。

(2) 個別大股東如行使認股權，欲賺取行使價較正股現價的差價，這種增持之舉對正股走勢的指標作用較小。

(3) 由於有些股東（特別是某些莊家股的股東）會把持有的股份抵押，以提高其孖展借貸額，而孖展額是隨正股價格成正比的變動，為免有被逼倉或斬倉的可能，這些股東往往會在股價低殘時，增持正股，以穩定股價。

股份回購

Share Repurchase

公司增持股份，稱為股份回購（share repurchase or buy-back），即以公司資金回購公司股份。回購後，該批股份將會註銷，已發行股數亦相應減少。

公司若要把盈利回饋股東，除了派股息外，還可以用資金回購自己公司的股份。公司怎樣將盈利回饋股東，選擇派息方法，還是用回購股份的方法，理論上結果是差不多的。例如某間公司已發行五股股票，現在市價為每股10元，市盈率為五倍；以市盈率五倍計，每股盈利約2元；假設今年公司賺10元，如果公司將所有盈利全數派送給股東，以五股發行股數計算，每股便能派息2元。在除息日當天，股價會因除息而跌至8元，但因股東會收到2元股息，所以股東的權益實則不變，都是10元。如果公司不選擇派息，可以將10元的盈利在市場回購一股公司股份。因為公司回購股份之後，這些股份便要註銷，公司的發行股數就會由五股變成四股，而公司每股的盈利亦會由2元升至2.5元。如果以市盈率五倍計算，每股股價應該升至12.5元，較原來10元上升2.5元。公司市值無論以四股、每股12.5元計算，還是之前以五股、每股10元計算，市值都是一樣，是50元，沒有改變。

在上述例子中，公司並沒有派送股息給股東，但是在回購股份之後，每股盈利便會上升，對於公司股價會有所支持。所以，雖然股東未能收取股息，但他們卻可從股價上升而獲得利益。因此，在跌市時經常會見到一些公司在市場上吸納股份，回購自己公司的股票，希望支持股價。所以，一般分析員認為，公司回購股份應該視為利好的消息。

除此以外，公司回購還有以下含意：

(1) 藉回購股份，提高每股資產淨值及每股盈利，因上述兩者均以已發行股數作計算時的基數。隨每股盈利大幅增加，該股的市盈率將會相應下降，變相令該股的回本期縮短，投資價值因而增加。

(2) 若處跌市時，公司回購股份，將有穩定人心的作用，向市場暗示股價已跌近或跌穿實際價格。

(3) 回購股份需動用公司資金，這表示公司的資金充裕。

(4) 已發行股數較多的公司，利息負擔相對較重，而回購股份將可直接減輕利息開支。

公司回購例子（1999年8月20日資料）

編號	股份	回購日期	數量(萬)	回購價（元）	
				最高	最低
0120	四海國際	19/08/99	0.3	2.35	—
0113	迪生創建	19/08/99	8.85	7.90	7.75
0378	金匯投資	19/08/99	6	0.63	—
0068	利興發展	19/08/99	8.4	2.35	2.325
1098	路勁基建	19/08/99	5.7	5.25	5.15
0770	滬光國際	19/08/99	0.2	3.70美元	—

收購

Takeover

收購通常是指一間公司意欲擴張業務，而用金錢或股票形式去購買另外一間公司。形式有以下幾種：

(1) **橫向式收購**——兩間公司都是從事同一類型的業務，通常這種橫向式收購，是為了取得規模經濟（economies of scale）。例如，香港電訊（0008）收購星光電訊（0383）的互聯網服務便是一例，香港電訊本身的互聯網服務，在香港的市場佔有率已經數一數二。而星光互聯網服務在香港佔有率亦是名列前茅。兩者合併，便能在香港獲得最大市場佔有率，從而擁有規模經濟，提高市場競爭力。

(2) **縱向式收購**——如果兩間公司在合併之前，屬買方與賣方的關係，例如一間時裝公司，原本是向服裝批發商取貨，如果收購了批發商的公司，便可省回批發商的利潤，把貨品的售價，降至一個更具競爭力的水平。

(3) **綜合式收購**——所收購的新公司，業務與本身毫無關係。這種收購，目的是為了分散風險，可把公司的業務擴展，伸延至其他有利可圖的項目。

合併

Merger

合併，即兩間或以上的機構協議共同經營彼此業務，或互通有關資訊、資產或網絡，將雙方業務合而為一。

合併，一般可分為垂直式合併、橫向式合併和分散式合併。

(1) **垂直式合併**——即合併雙方在業務上是互補不足的。例如一間公司的業務主要從事製造生產原料，或將物料加工成半製成產品；而另一間公司則主要是完成產品，並負責把製造出來的產品零售或批發。假若它們合併，便屬於垂直式合併，除可減低成本外，更可減少向外依賴，故較少受到生產原料漲價或零售、批發價波動的影響。

(2) **橫向式合併**——即合併雙方的業務性質很相近，例如銀行間的合併。透過這種形式的合併，合併雙方的公司變相成為盟友，市場佔有率亦會因而擴大。假如其中一方的公司擁有獨特的技術或產品，另一方的公司或有機會通過合併向該公司引入這些技術或產品。

(3) **分散式合併**——指合併雙方的業務性質並不相同。兩間公司若進行這種形式合併，將有助雙方分散投資風險。假如一間公司希望涉足其行業以外的其他行業，它採取此合併方式，將可減少大額投資於技術、機器、廠房、人才等方面；同時，該公司的整體業務亦受行業周期影響較少，因其盈利收益並非依靠單一行業。

分拆

Spin-off

當一間上市公司市值愈來愈大，業務愈來愈多元化之時，公司就可能會把一部分的業務分拆上市。所謂分拆，是指公司的一部分業務獨立上市；而這個分拆上市的子公司的股份可能免費送給股東，也可能給現有股東優先認購，或者把子公司分拆之後所得到的特殊盈利以股息方式送給股東。

為甚麼上市公司要把子公司分拆呢？因為當公司的業務愈來愈廣泛時，投資者可能未必能夠完全了解公司的業務。以長江實業（0001）為例，90年代中期，它就把旗下發展中國業務的長江基建（1083）成功分拆上市。

當時，以地產股計，市盈率十至十四倍已經非常合理。可是，長江實業旗下的中國基建業務如果獨立上市，新公司的市盈率可達至二十多倍。同時，長江實業業務十分廣泛，如果繼續把中國基建業務置於集團旗下，人們由於慣把長江實業視為地產股，因而可能會忽略了其中國基建業務的發展潛力。不如把它分拆，這樣可獲二十多倍市盈率，無論對股東及對公司都有利。

此外，股市中上市公司的數目不少，如果公司業務清晰一點，將更有利投資者選擇。

內幕交易

Insider Trading

所謂內幕交易，是指某些內幕人士知道上市公司某些股價敏感資料，在消息曝光之前進行股份買賣，以達致賺取利潤或減少虧蝕。

某些人會特別容易知道上市公司的股價敏感資料，例如公司董事、會計師或公司的核數師等，如果他們利用這些股價敏感資料來作股票買賣，從而構成不公平的交易，這些人便被稱為內幕交易人士（insider）。

例如某上市公司即將宣佈業績，在宣佈前，公司的帳目已經由核數師審核清楚。假設公司盈利較去年大幅上升兩倍，如果公司的市盈率不變，盈利上升兩倍，代表股價可以升兩倍。那些內幕人士，由於知道這消息，可能會率先在市場上吸納公司股票；但另一方面，因為尚未知道公司盈利大增的消息，小股東可能見股價上升而急於沽出股票套現。在內幕人士知道利好消息而小股東不知情之下造成的交易，便是一項不平等的交易，應該受到禁止。

同樣地，假如公司盈利大幅倒退或在訴訟上輸了，需要給予控方賠償。如果內幕人士為避免虧損，而在消息公佈之前在市場上沽售公司股票，他們便觸犯了內幕交易條例。這些內幕交易人士是會受到聯交所及證監會制裁的。

停牌

Suspension

停牌，即上市公司暫停在聯交所買賣。停牌一般是公司自動要求的，惟在特別情況下，聯交所亦會飭令停牌，要求個別上市公司停止買賣。

停牌原因，大都是由於公司正醞釀收購或出售資產、財政出現問題、傳聞充斥、分拆、合併或重組公司業務等，而導致股價出現異常波動。除此以外，聯交所為維持市場的透明度，亦會飭令個別股份停牌，直至該公司揭露更詳盡的資料為止。

若處牛市或游資充裕的市況，市場傳聞很多時不絕於耳，因幕後莊家不繼炒消息或概念。而與一些公司有密切往來者更會以所掌握的內幕資料進行炒作。為杜絕不公平的情況，聯交所飭令個別公司停牌，無疑能抑止其股份過分炒賣，有利散戶認清市況。

但問題是，停牌與復牌並無必然關係；停牌之後，不一定能夠復牌。若個別公司的資產、業務、財政狀況等出現嚴重問題，有關公司又未能解決或改善，則該公司將會復牌無望。另外，如公司正在清盤中，或已被未有上市的公司接管，該公司亦將會難以復牌。更甚者，個別公司的業務或資產不足以維持上市地位，其董事或管理層又涉嫌不法行為，這些受審查的股份更加無權復牌。

由於被飭令停牌的原因各異，停牌公司復牌恢復買賣的時間亦不同。若有關公司能披露更充分及適當的新近資料，將業務或財政狀況的透明度提高，則聯交所將可盡快安排該股復牌。基本上，聯交所為保障散戶財產，以免凍結投資者的資金，都傾向盡快安排有關股份復牌。

股份停牌期間，一般散戶或以為無須再透過大利市機留意股份動向。其實，聯交所一般會在開市前（即上午十時或下午二時半前），透過大利市機刊發復牌與否的資料。若在聯交所披露資料一欄（即有 # 符號的一行）旁邊，列出“Suspend-P.xxxx”（未必經常刊登頁數編號），意即該股須繼續停牌，其新近資料按 P.xxxx 即可見；若刊發“Trading Resumed”，意即該股將獲復牌。無論如何，對所購買的股份近況加強瞭解，將有助投資者在該股復牌後決定如何買賣。

另據市場慣例，若停牌時間較短、大市氣氛佳或股價於停牌前未屬超買，復牌的股份不一定會大幅回吐。相反，若沒有上述利好因素配合，特別是停牌時間較長的股份，則復牌後的走勢將難寄厚望，因持股者通常會急於沽貨脱手（特別是以孖展信貸買入該股者），他們將不惜賤價沽出，令該股短線沽壓沉重；另外，由於股份停牌已久，一般投資者亦傾向盡快沽貨，以免股價因龐大沽壓而大幅滑落。

技術分析

HSBC HOLDINGS PLC
HK$
260
240
220
200
180
160
140
120
TURNOVER (Billion HK$)
35
30
25
20
15
10
5
0
Jan
1998
Feb
Mar
Apr
May
Jun
Jul
Aug
Sep
Oct
Nov
Dec
Jan
1999
Feb
Mar

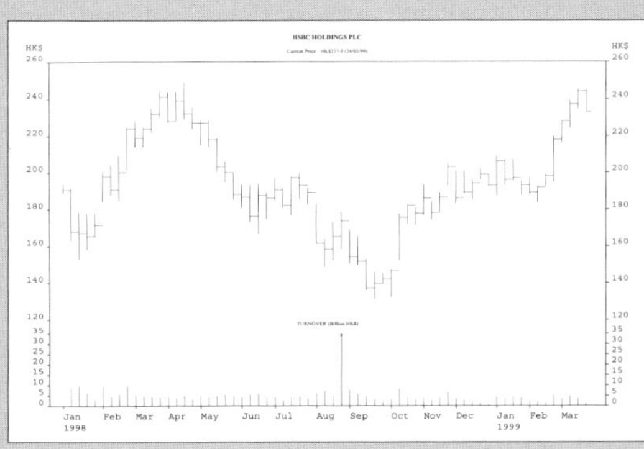

線形圖

Line Chart

線形圖，屬於圖表分析的一類，但已較少人使用，因該線僅記錄收市價而已。至於開市價、當日最高價、當日最高的變動及波動幅度則欠奉。以線形圖捕捉長期趨勢還可以，但卻難於捕捉短線和中線趨勢，因略嫌資料較為片面。

線形圖的優點是簡單易製，亦較適合初學投資者理解有關股份過去的走勢。

線形圖圖例（恒生指數日線圖，1998 年 1 月 1 日至 1999 年 3 月 24 日）

柱狀圖

Bar Chart

柱狀圖，是用作推測某股或指數的走勢，由於當日最高價、當日最低價、收市價（亦有將開市價同時列入柱狀圖內）的資料變化同列在內，投資者可以較易分析該股趨勢及其波動性。

若以上述四項資料製作柱狀圖，當日最高價和當日最低價將連成一線，成為中間的柱狀，而開市價則列於左方，收市價列於右方，集左、中、右組成的柱狀，將可用來製表。

時間排列方面，並未有固定限制，日、周、月、年計的柱狀圖均可用作分析。為減少視覺混亂，個別投資者會撇除開市價，僅以當日最高價、當日最低價及收市價製表。不過，即使僅運用上述三項數據製表，部分投資者亦會嫌圖表予人較為混亂的感覺，因柱狀間彼此擺放的距離很接近，不易察覺當日升跌或波動的幅度。有見及此，陰陽燭圖遂應運而生，除彌補線形圖及柱狀圖的缺點外，更能突現市況的變動情形。

柱狀圖圖例（恒生指數日線圖，1998年1月1日至1999年3月24日）

陰陽燭

Candlestick Chart

陰陽燭，為投資者提供開市價、收市價、最高價及最低價四大數據。其優點在於彌補線形圖及柱狀圖不足之處，因前者只記錄收市價，後者僅記錄收市價、最高價及最低價，不利投資者全面掌握個別股票（指數或其他衍生工具）的每日波幅變化（尤其在波動市時），反觀陰陽燭卻能顯示上述變化的情況。

以陰陽燭製圖，上下兩個尖端，記錄了當日最高價及最低價，中間的長方柱體則提供當日開市價及收市價。如以外觀劃分，中間長方柱體稱為燭身（或實體），燭身以上稱為手部（或上影線），燭身以下稱為腳部（或下影線）。

顧名思義，陰陽燭主要劃分為陰燭及陽燭。前者屬高開低收格局（即當日以高價開市，收市價卻低於開市價），當日跌幅含有利淡後市的意味；後者屬低開高收格局，當日升幅有利好後市意味。以陰燭在日線圖為例，上手尖端為全日最高價，下腳尖端為

陰陽燭圖例

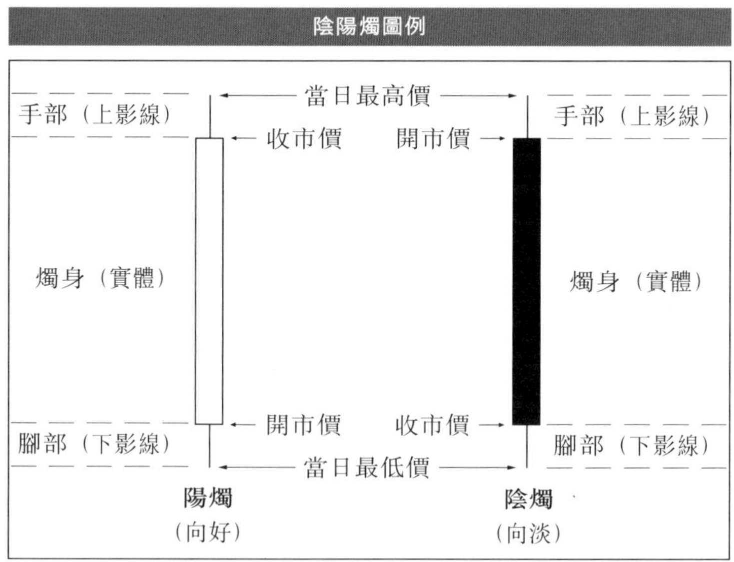

全日最低價，燭身頂部及底部分別為開市價及收市價。而陽燭所記錄全部數據的位置，卻恰與陰燭相反，詳見左圖。周線圖的陰陽燭，以周一（或周初交易日）的開市價為全周開市價，周五收市價為全周收市價。周內最高及最低價為陰陽燭的上手尖端及下手尖端。若該周收市價遠高於上周收市價，該支陰陽燭將是陽燭；若是陰燭，則上述假設一切逆然。

為易於辨識，燭身在黑白圖上，將以全黑色（陰燭）或全白色（陽燭）表示。若在彩圖中，陰燭將以藍色顯示，陽燭則以紅色顯示。

陰陽燭既記錄當日股價的變化，當有助較全面分析有關股票或指數的短期（甚至中期）走勢。為加強大家對陰陽燭分析方法的瞭解，下面將以圖表簡單介紹單一及綜合陰陽燭的各項含義。

單一陰陽燭分析一覽表

向好或偏好訊號		向淡或偏淡訊號	
名稱及外形	含義	名稱及外形	含義
大陽燭	低開高收，顯示買盤強勁。若在升市出現，顯示升勢將持續；若在跌市出現，顯示跌勢將放緩或結束。	大陰燭	高開低收，顯示沽壓龐大，後市疲弱乏力。若在跌市出現，顯示跌勢將持續；若在升市出現，顯示升勢將放緩。
長下影陽燭　長下影陰燭	股價開出後，節節向下，但在低位見強力支持，顯示支持力強，後市偏好。兩者相比，長下影陽燭上升動力較強，收復失地之餘，更低開高收、倒升報收。	長上影陽燭　長上影陰燭	先升後回，高位遇龐大沽壓，形成手部較長(長上影)。若是長上影陽燭，後市偏淡，升勢放緩；若是長上影陰燭，後市偏淡，傾向下調。

錘頭　錘頭 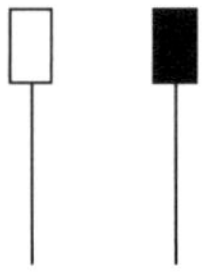 (無論陽燭或陰燭，只要在低位出現)	跌勢或短期低位中，錘頭視為跌勢放緩，甚至止跌回升訊號。	吊頸　吊頸 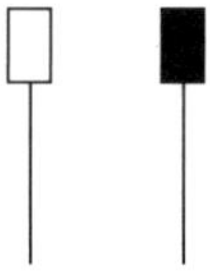 (無論陽燭或陰燭，只要在高位出現)	升勢或短期高位中，吊頸視為升勢放緩，上升動力較弱，有可能掉頭回落。
倒轉錘頭　倒轉錘頭 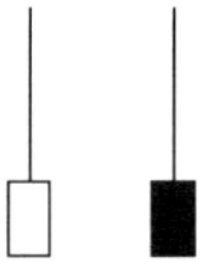 (無論陽燭或陰燭，只要在低位出現)	跌勢持續，卻在低位見倒轉錘頭，屬偏好訊號，跌勢放緩，或會止跌回升。	射擊之星　射擊之星 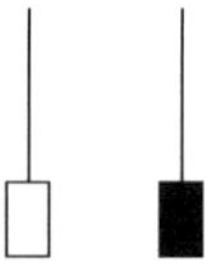 (無論陽燭或陰燭，只要在高位出現)	升勢持續，卻在高位見射擊之星，屬利淡訊號，股價隨時見頂回落。
T字型 	先跌後回，全日波幅很大，顯示購買力強，利好後市，若在低位出現，見底回升的機會較大。	垂死十字 	先升後回，全日波幅很大，顯示沽壓力強。若在高位，見頂回落的機會較大。

轉勢或待變訊號		無大方向	
名稱及外形	**含義**	**名稱及外形**	**含義**
十字星 	開市價與收市價一樣，形成星的形態，屬待變訊號。	小陽燭　小陰燭 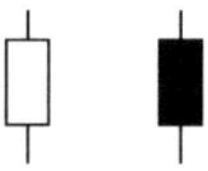 (無論陽燭或陰燭，只要燭較短)	波幅小，市況牛皮，無大方向。

綜合陰陽燭組合分析一覽表

向好或偏好訊號		向淡或偏淡訊號	
名稱及外形	組合含義	名稱及外形	組合含義
早晨之星 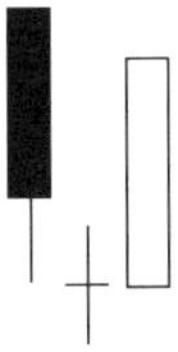	第一日：跌市中，出現大陰燭或燭身較長的陰燭。第二日：裂口低開後，跌幅收窄，形成十字星／燭身較短的陰燭或陽燭。第三日：出現大陽燭，並回升至第一枝陰燭內報收，顯示反彈力強，屬可靠性較大的見底回升訊號。	黃昏之星 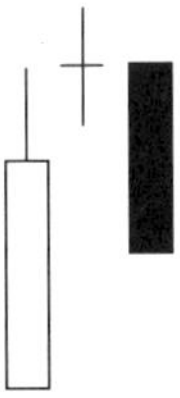	第一日：升市中，出現大陽燭或燭身較長的陽燭。第二日：高開後，升幅逐步收縮，形成十字星／燭身較短的陽燭或陰燭。第三日：出現大陰燭，並回落至第一枝陽燭內報收，顯示升勢乏力，高位沽壓較大，屬可靠性較大的見頂回落訊號。
曙光初現	下跌途中，大陽燭繼大陰燭之後出現，並回升至大陰燭燭身內報收，屬見底回升的訊號。	烏雲蓋頂	上升途中，大陰燭繼大陽燭之後出現，並回落至大陽燭燭身內報收，屬見頂回落的訊號。
身懷六甲 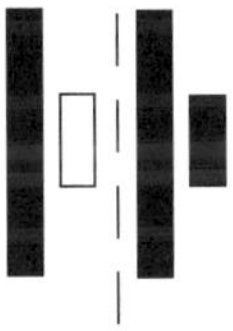 或	下跌途中，小陽燭或小陰燭繼大陰燭之後出現，並回升至大陰燭範圍內報收（宜回升至二分一或以上水平），顯示跌勢減弱，或會見底回升。	身懷六甲 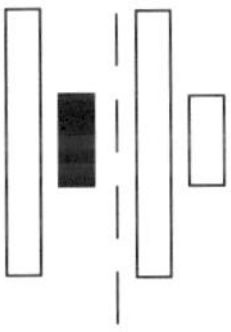 或	上升途中，小陽燭或小陰燭繼大陽燭之後出現，並回升至大陽燭軸或以上範圍內報收，顯示升勢減弱，或會見頂回落。
十字胎 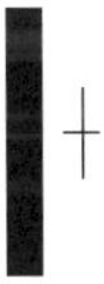	跌市中，大陰燭的出現，暗示後市偏淡。其後，十字星這待變訊號出現，並回升至大陰燭範圍內報收，顯示後市或會反彈。	十字胎 	升市中，大陽燭本意味向好。其後，十字星這待變訊號出現，並回落至大陽燭範圍內報收，顯示後市或會回落。
破腳穿頭 	跌勢持續，先見小陰燭（或燭身較短的陰燭），後出現大陽燭（或燭身較長的陽燭），股價低開高收，顯示後市向好，買盤強勁。	穿頭破腳 	升勢持續，先見小陽燭（或燭身較短的陽燭），後現大陰燭（或燭身較長的陰燭），股價高開低收，顯示後市偏淡，沽壓頗強。

陰陽燭測市圖例（1998年8月1日至1999年2月1日）

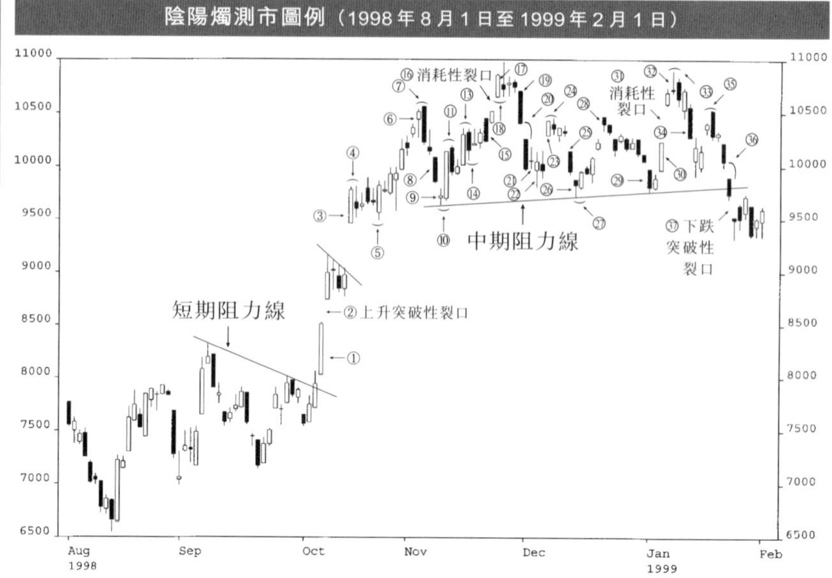

① **大陽燭**。升穿短期下降軌後，即以大陽燭報收，利好。

② **上升突破性裂口**。升穿下降軌後，買盤龐大，升勢轉強，出現裂口上升現象。由於這裂口未有馬上回補，小調整過後，即再次裂口上升(持續性裂口)，故此首次裂口可界定為上升突破性裂口，意即市勢將繼續突破向上。

③ **大陽燭**。利好訊號，升勢將持續。

④ **身懷六甲**。待變訊號，暗示升勢放緩或逆轉。

⑤ **破腳穿頭**。繼身懷六甲陰陽燭組合後，見類似破腳穿頭的利好訊號，低開高收，後市向好。

⑥ **吊頸**。類似吊頸陽燭在高位出現，屬於見頂訊號，宜小心。若這陰陽燭腳部越長，代表見頂機會越大。

⑦ **穿頭破腳**。大陰燭本屬利淡訊號，再配以日前吊頸陽燭，即形成穿頭破腳見頂形態，利淡。

⑧ **大陰燭**。高開低收，顯示沽售壓力不小，後市將繼續回落。

⑨ **長手長腳小陽燭**。待變訊號，代表調整或已完畢，後市有機會重拾升勢。

⑩ **破腳穿頭**。大陽燭本屬利好訊號，再配以日前的小陽燭，即形成破腳穿頭利好訊號，後市將繼續回升。

⑪ **烏雲蓋頂**。陰燭回落至大陽燭一半以下報收，顯示好友未能控制大局，

宜小心這利淡訊號。

⑫ **陽燭**。陽燭利好後市，升勢將持續。

⑬ **烏雲蓋頂**。陰燭回落至陽燭一半以下，再次顯示好友未能控制大局，這次烏雲蓋頂訊號顯示升勢疲弱，後市或離頂不遠。

⑭ **身懷六甲**。該日雖有上升，但升幅不大，呈身懷六甲訊號，顯示升勢減弱。

⑮ **陰燭**。利淡訊號。

⑯ **消耗性裂口**。裂口再次持續本屬利好，顯示升勢持續。可惜裂口上升前有多項見頂訊號，裂口出現後不足五個交易日，即被大陰燭向下完全回補。因此，稱這裂口為被消耗性裂口，凸顯升勢快將完結，屬升勢末段的見頂訊號。

⑰ **陽燭**。利好訊號。

⑱ **身懷六甲**。長手陰燭本屬利淡，再配以日前陽燭，形成身懷六甲待變訊，顯示升勢將會逆轉。

⑲ **大陰燭**。大陰燭本屬利淡，特別是大陰燭向下完全回補裂口，界定該裂口為消耗性裂口，升勢隨時見頂。

⑳ **兩飛烏鴉**。大陰燭本屬利淡，再配以日前的大陰燭，形成兩飛烏鴉利淡訊號，顯示跌勢將持續。

㉑ **十字星**。下跌期間出現十字星，顯示跌勢放緩。

㉒ **長腳陽燭**。下跌期間出現腳部較長的陽燭，再次顯示跌勢放緩。

㉓ **陽燭**。陽燭本屬利好，再配以裂口回升，更屬利好訊號。

㉔ **身懷六甲**。身懷六甲有轉勢意味，凸顯日前裂口上升的動力有限。

㉕ **陽燭**。陽燭本屬利淡，兼向下完全回補裂口，顯示反彈力度疲弱。

㉖ **錘頭**。屬於見底回升訊號。

㉗ **破腳穿頭**。破腳穿頭，低開高收，利好。再者日前出現錘頭，料後市繼續回升。

㉘ **吊頸**。吊頸屬於見頂形態，猶幸陰燭腳部未屬很長。

㉙ **陰燭**。利淡訊號，猶幸一觸及上升支持線即見反彈。

㉚ **大陽燭**。利好訊號。

㉛ **消耗性裂口**。裂口向上本屬利好，可惜不足四個交易日，即被向下完全回補，故稱為消耗性裂口。頂部兩見消耗性裂口，升勢極之疲弱，僅待淡友擇時反攻。

㉜ 類似射擊之星的長手十字星，屬於見頂訊號。

㉝ **穿頭破腳**。繼類似射擊之星後，即見穿頭破腳利淡訊號，預期後市將回落。

㉞ **大陽燭**。以大陽燭向下回補裂口，正式確定升勢將逆轉。

㉟ **穿頭破腳**。輕微反彈後，現穿頭破腳利淡訊號，顯示淡友已控制局面。

㊱ **雙飛烏鴉**。跌勢持續的組合訊號。當第二次再現陰燭時，卻連上升支持線亦告失守，升勢完全逆轉。由支持變阻力，可改視該線為阻力線。

㊲ **下跌突破性裂口**。升勢轉逆，突破向下的訊號。

上升軌／下降軌

Upward Trendline / Downward Trendline

上升軌，又名上升趨勢線，顯示股價走勢甚強，以反覆向上或大漲小回為主。升勢形態，將是一浪高於一浪，每次調整的低位均較上一次的為高；由每個低位延伸而成的趨勢線，便成為上升軌。

下降軌，又名下降趨勢線，顯示股價走勢呈弱勢，以及反覆向下或小漲大回為主。跌勢形態，將是一浪低於一浪，每次調整的低位均較上一次的為低，由每個低位延伸而成的趨勢線，便成為下降軌。

上升軌及下降軌的形成，與市場氣氛、大市資金、公司盈利增長、息口轉變、外圍情況等不無關係。這些因素對投資者的心理狀態及對後市的看法，均有不同程度的影響。

若人心思淡，利淡因素充斥，投資者當傾向待股價反彈時，趁高將股票沽出，甚至借貨沽空或沽出期指。由於每次反彈均是沽空或沽出股票的良機，所以沽壓亦會逐步增加，形成每個短期高位均較上個高位為低。將所有高位點尖連成一條線，便是下降軌，凡股價反彈近該線附近，就會遇到龐大的阻力，因投資者傾向於該水平沽貨。有見及此，凡反彈近該線時，投資者不妨沽貨套現，候低才再吸納，直至該股有力突破該條下降軌為止。

相反，若人心思好，買意高漲，利好因素增加，投資者將傾向在該股每次調整時，趁低吸納股票。由於每次調整均是買貨時機，投資者生怕在形勢大好下，未能買入愛股，於是凡股價短期調整時，均瘋狂買貨，形成市場需求高於供應，這使每個短期低位均較上一個低位為高，將所有低位點尖連成一條線，便屬上升軌。當股價呈上升軌，投資者可用以下買賣策略：在股價跌穿上升軌以前，投資者宜採趁低吸納的方法，凡股價跌近該條延伸而上的上升軌時即買貨，視該軌為每次調整的支持位；但假如該軌正式失守（如股價跌穿該軌達3%以上，兼有大成交量），則投資者便應盡快沽貨，因該條上升軌將變成阻力線。

上升軌和下降軌圖例（匯豐周線圖，1998年1月1日至1999年3月24日）

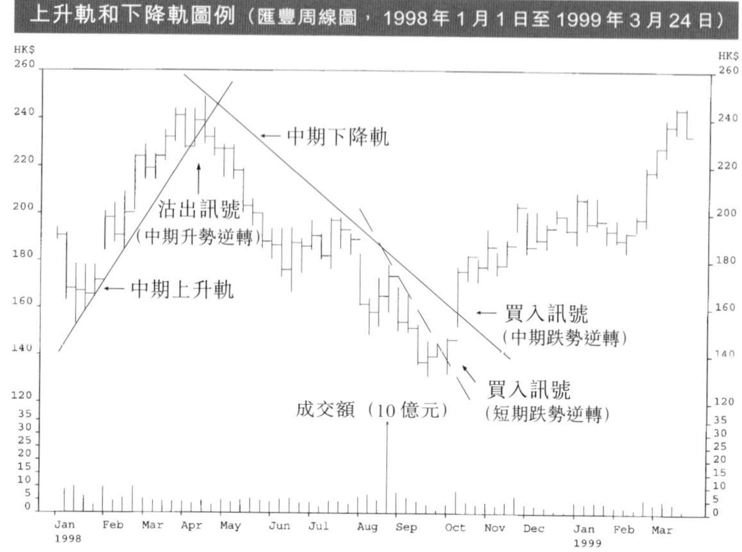

支持線／阻力線

Support Line / Resistance Line

顧名思義，支持線為具支持力的趨勢線，該線可以是橫向、向上或向下的趨勢線，凡股價回落至該線即見反彈，被趁低吸納盤掃高。當該線支持屢獲確認，投資者便會視該線為每次趁低吸納的指標。以形態走勢計，下降三角形、三重底、長方形、雙底、上升楔形等，均是由於回落至支持線即見反彈而形成的，若配合大成交，支持線將更為可信。同時，如每次回落低位的支持點越多，延伸而成的支持線更加可靠，可視為趁低吸納的買入訊號。

反之，若股價跌穿該支持線，投資者應即時止蝕，將持倉沽出；因該線如失守，將觸發龐大的沽售潮，投資者在沒有信心持倉下，會將持倉沽出，而部分投資者見該股支持乏力，更會借勢沽空。當支持線反變成阻力線後，該股短線（或中線）走勢將難以寄予厚望。

至於阻力線，即具阻力的趨勢線，該線可以是橫向、向上或

支持線及阻力線圖例（恆生指數日線圖，1998 年 8 月 1 日至 1999 年 3 月 1 日）

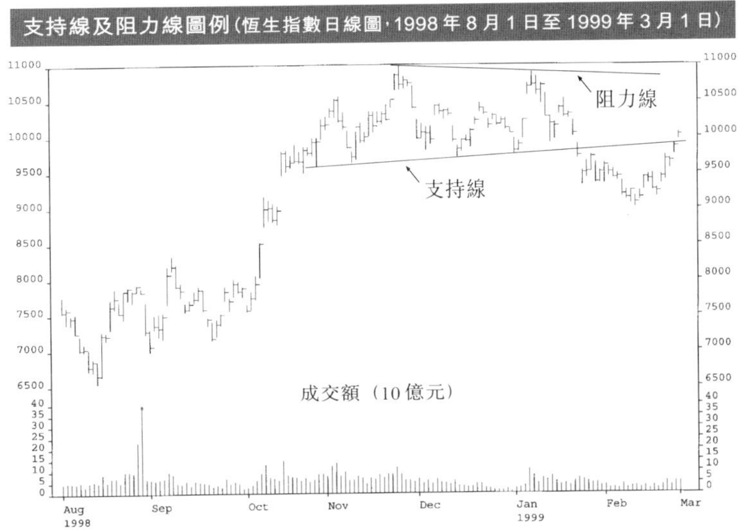

向下的趨勢線，凡股價上升至該線即遇壓而回，令投資者傾向在阻力線延伸的水平，趁高沽出。當該阻力線屢試不鮮，每接近均出現龐大沽壓，這樣投資者就應視該線為每次趁高沽出的目標價。以形態走勢計，雙頂、三重頂、長方形、下降三角形等，均是受制於上一次高位而形成的。

該阻力線若由越多個高位延伸而成，其可信性將更大。原因是：當股價觸及上一次高位即回落，投資者將有戒心，視該線為阻力線，而錯過出貨機會者亦傾向趁股價回升至阻力線附近，即把握時機把股份沽出，由此令該阻力線所延伸的水平，若觸及便有較大沽壓。

相反，當股價升穿該阻力線後，該線會反過來成為支持線，因投資者見該股有動力突破阻力線，他們就會傾向大手買貨，沽空者亦會平倉止蝕。凡阻力線變成支持線，投資者可視之為買入訊號之一，因該股走勢將較前時為佳。

另外，需要注意的是，凡該支持線（或阻力線）形成時間越久，向上（或向下）的角度越大，支持（或遇壓）期間的成交越多，該線的可信性將會更加提高。

裂口

Gap

裂口，或稱為缺口、跌空，指該股（或該指數）在股價圖表內有一段時間沒有任何成交。若處升市，該裂口之前一日的收市價，當低於裂口高開當日的最低價、開市價及收市價。反之，若處跌市，該裂口之前一日的收市價，當高於裂口低開當日的最高價、收市價及開市價。

裂口，一般分為普通裂口、持續性裂口、突破性裂口及消耗性裂口。該四類裂口的形態及對後市的啟示如下：

(1) **普通裂口**：普遍出現於密集交易區內，如三角形、長方形、圓底等需時較長的調整或轉勢形態。上述裂口，並無特別啟示，或會在數個交易日回補部分或全部裂口。

(2) **持續性裂口**：凡處上升趨向市或下跌趨向市，持續性裂口將有機會出現。持續性裂口的出現，顯示現走勢後市將持續。另外，持續性裂口又可利用來量度未來走勢，一般會將突破位至持續性裂口起點之間的幅度，視作該股未來有能力上升的幅度。

(3) **突破性裂口**：當該股調整過後，真正突破密集區時，將會出現突破性裂口。突破性裂口愈大，兼獲大成交配合，則顯示未來走勢將愈強勁。形成突破性裂口的原因，是投資者買股心切，但市場貨源卻不足，以致逼使投資者高價求貨。反之，若突破性裂口出現後，股價裂口低開，並持續下跌，源源不絕的沽壓將拖累該股跌勢不止。

(4) **消耗性裂口**：凡升勢或跌勢將盡，消耗性裂口將會出現；裂口出現當日的成交量如有限，意味成交量未配合升勢或跌勢。若該裂口在短期內（如二至五個交易日內）完全回補，走勢轉向的機會將更大。

至於裂口會否完全回補或回補部分，並不可一概而論，需視乎成交量如何。一般而言，突破性裂口及持續性裂口短期內不會完全回補，普通裂口及消耗性裂口卻有機會在短期內完全回補。

裂口圖例（恒生指數日線圖，1998 年 8 月 1 日至 1999 年 3 月 1 日）

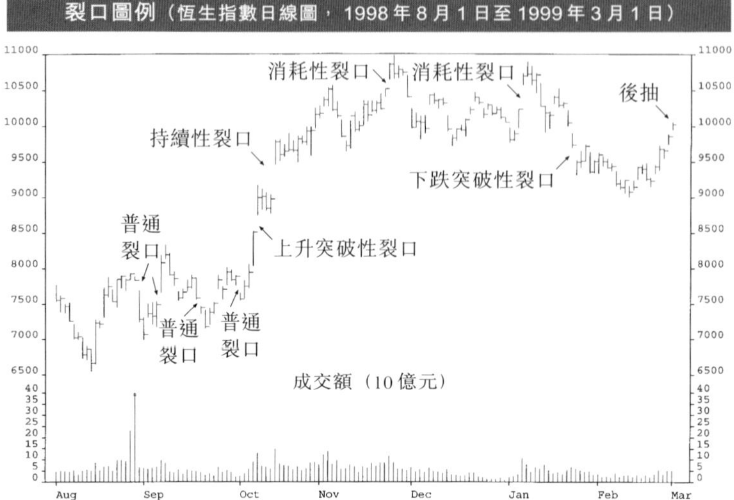

阻力區

Resistance Level

阻力區，即指指數或股價每當觸及某水平，即會遇沽壓而回，阻礙指數或股價繼續乘勢而上。若上升動力足夠，有力升穿阻力區，該股後市走勢將被看高一線，而升破的阻力區將變成支持區（supportive level），短期內該股股價都不會回落於該支持區以下。

一般來說，凡高於該股現價的密集區（即該股在該水平窄幅橫行多時）、下降軌等，均被視為阻力區。凡高於其股價的移動平均線、趨向線、每個浪頂、配股價、上市價、頭肩頂或雙頂的頸線等，均是該股的阻力價位。

至於支持區及支持價位的水平，則與阻力區及阻力價位相反。凡低於該股現價的密集區、上升軌等，可視為支持區；凡低於該股現價的趨向線、每個浪底、配股價、上市價、頭肩底或雙底的頸線、移動平均線等，均被視為支持位。

阻力區圖例（中國電信周線圖，1998年10月9日至1999年8月27日）

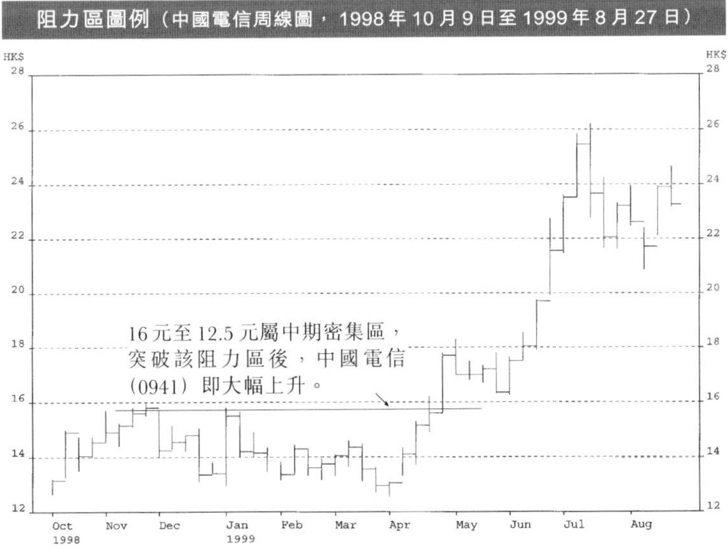

頭肩頂

Head and Shoulders Top

頭肩頂，屬升勢逆轉的見頂形態。一旦確認此形態，下跌幅度可以很大，其逆轉殺傷力遠高於其他逆轉形態，股價或指數升勢將轉為跌勢。確定形態前，進取的投資者宜趁升勢將盡前，盡快清貨離場；跌穿頸線後，將是真正沽出訊號，宜改為“逢高沽空”的造淡策略，希望在跌市中亦可賺錢。

頭肩頂的形成過程，可劃分為下列四個向淡步驟：

(1) **左肩形成**

股價持續上升，成交量極之暢旺，凡買入股票者均有利可圖，這令一些投資者開始獲利回吐。股價的短期回落，形成左肩出現，但由於市場氣氛仍佳，成交量在下調時減少。

(2) **頭部形成**

股價回跌期間，未能在上次升勢進貨者急於趁低買入，使股價再度反彈，並超越左肩最高價。但在獲利回吐盤拖累下，股價再度調整，成交量在回落期間同時減少，頭部隨之而形成。

(3) **右肩形成**

由於股價第二次創新高，遂吸引後知後覺的投資者入市買貨，但由於市場氣氛減弱，股價除未能超越上一個高位外，成交量亦較在右肩及頂部時為小。當股價再次回落，右肩即告形成。

(4) **跌穿頸線，確認頭肩頂**

頸線，是將左肩及頭部回落而下的兩個最低價連成一條直線，若股價隨右肩回落，並跌穿頸線超過3%以上，將確認頭肩頂形成。量度最小跌幅的方法，是先在頭部最高價垂一條直線至頸線，量度出最小下跌幅度，再由右肩跌破頸線開始，去計算股價向下跌幅，這跌幅將是頭肩頂的最小下跌幅度。

若頸線向下傾斜，顯示市場已疲乏；若成交量在跌穿頸線期間激增，顯示拋售力量龐大。出現這兩種情況，後市的跌勢將更急。

跌穿頸線後，很多時會出現後抽(即短暫回升反彈)，因部分好友仍力抗淡友攻勢，期間沽空者趁機平倉套利，這些平倉盤亦帶動股價反彈。若後抽未能回升至頸線以上，升勢逆轉便難以改變。反之，若後抽升穿頸線超過3%以上，頭肩頂見頂形態將不成立了。

複式頭肩頂圖例（新鴻基地產日線圖，1997年1月2日至1998年9月30日）

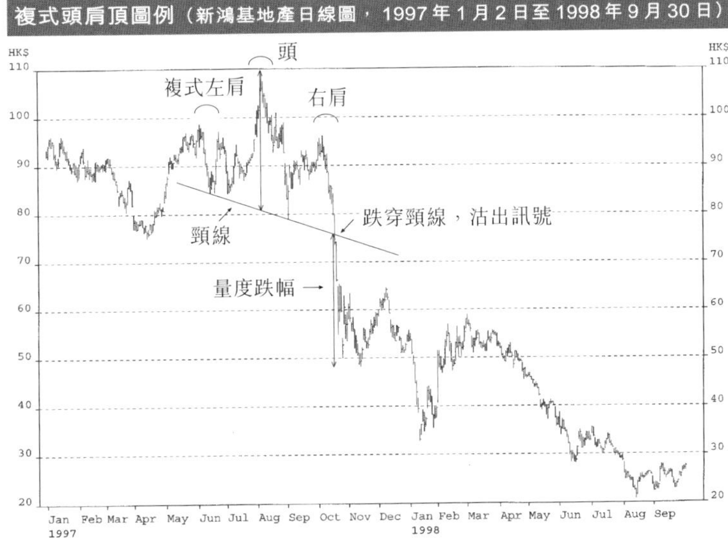

頭肩底

Head and Shoulders Bottom

頭肩底，屬跌勢逆轉的見底形態。一旦確認形態，上升幅度可以很大，其見底逆轉形態將很可靠，股價或指數跌勢將轉為升勢。確認形態前，進取的投資者應趁跌勢將盡前，積極買入股票；當升穿頭線後，將是真正買入訊號，長線投資者宜改用逢低買貨策略，以期賺盡升幅。

頭肩底的形成過程，可劃分為下列四個向好步驟：

(1) **左肩形成**

股價持續下跌，成交量續增，直至沽空者賺利回吐，淡友暫停進攻，才出現成交量一般的次級反彈，左肩因而形成。

(2) **頭部形成**

反彈後，因市場氣氛未轉趨樂觀，股價再次下跌，且較上一次最低位更為低，成交量在下跌期間增加，甚至較左肩的成交量更多，頭部因而形成，股價隨後再次反彈。

(3) **右肩形成**

股價反彈，買盤卻有限，令股價第三次大幅回落，回落低點會較頭部的明顯為高，最多跌至左肩水平便會喘定，而成交量在回落期間則較左肩及頭部的成交量為小，顯示跌勢已穩定下來，形成右肩。

(4) **升穿頸線，確認頭肩底**

頸線，即左肩及頭部頂點連成的一條直線。若股價隨右肩而回升，並升穿頸線超過3%以上，將確認頭肩底形成。量度最小升幅的方法，先在頭部最低價垂一條直線至頸線，量度最小升幅，再在右肩跌破頸線開始，去計算股價向上升幅，這升幅將是頭肩底的最小上升幅度。

若頸線向上傾斜，顯示拋售力量減少；若成交量在升穿頸線期間激增，同樣顯示拋售力量正減少；反之買盤卻持續增加，好友漸控制局面。當出現上述兩種情況，後市升勢將更急。

升穿頸線後，很多時會出現後抽（即短暫的回落），因部分淡友仍力抗好友攻勢，期間一些買進者由於未確信跌勢已正式逆轉，寧先沽出套利，從而拖累股價回落。若後抽未能跌穿頸線以下，跌勢逆轉將正式確定。反之，若後抽跌穿頸線超過3%以上，頭肩底見頂形態將不能成立了。

頭肩底圖例（恒生指數日線圖，1997年11月1日至1998年10月30日）

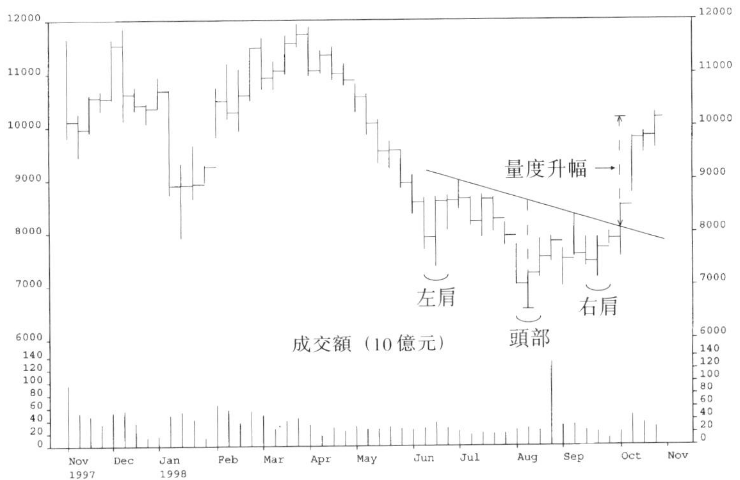

雙頂／雙底

Double Tops / Double Bottoms

形態走勢中，雙頂屬於反轉形態之一，見頂機會極高；由於形態由兩個高位組成，走勢與英文字母"M"的字形相似，故雙頂又稱為"M"形走勢。同屬反轉形態之一，凡現雙底走勢，指數或股份見底機會將極高；由於形態由兩個低位組成，走勢與英文字母"W"相似，故雙底又被稱為"W"形走勢。

這兩個反轉形態，提供的訊號是：凡見雙頂形成，投資者宜盡快沽貨離場，因後市走勢屬見頂回落居多；反之，凡見雙底形態，投資者宜積極趁低吸納，因後市走勢屬見底回升居多，一旦突破頸線向上，投資者不妨加碼買入，博指數或股票重拾升勢。

雙頂的形成，是股價上升至首個高峯時，遭受市場沽盤或獲利回吐盤拖累，轉而向下回落。但當股價回落至某水平，卻吸引趁低吸納買盤進場，帶動股價回升。惟在第二次試衝高位期間，成交量卻較上一個高位的為低，顯然市場信心不足，投資者把握機會趁高沽出，拖累股價受阻而回落。

正式確認雙頂回落，需股價在第二次回落期間下破頸線才算完成。頸線是以第一個高位回落向下的最低點，向橫畫一條水平線而成。量度雙頂回落的最小幅度，需先量度雙頂最高點至頸線之間的距離，再在頸線計起，將度出的跌幅向下量度即可得到。跌穿頸線後，或會出現短暫反彈(即後抽)，但只要後抽幅度不超越頸線3%，即不影響形態。後抽完畢，股價普遍重現跌勢，因市場沽售力量遠高於購買力量。

其他需注意的是：在雙頂形態中，第二個頂點或會高於首個頂點少許，只要彼此相差幅度小於3%，即不影響形態。同時，股價跌破頸線時，即使成交量不多，也是沽售訊號；若跌穿頸線時，兼有大成交配合，沽售訊號將更加明顯。

雙底的形成，是股價下跌至某個低位，終見市場買盤湧現，趁低吸納，帶動股價向上回升。當股價回升至某水平，卻會因買盤不繼而令股價再度回落。但在第二次下試低位期間，成交量卻較上一個低位為高，其時市場買盤轉強，投資者把握機會積極趁低買入，帶動股份重拾升勢，見底回升。

正式確認雙底回升，需股價在第二次回升期間上破頸線才算完成。頸線是以第一個高位回升向上的最高點，向橫畫一條水平線而成。量度雙底回升的最小幅度，需先量度雙底最高點至頸線之間的距離，再在頸線計起，將度出來的升幅向上量度即可得到。升穿頸線後，或會出現短暫性回落(即後抽)，只要後抽幅度不超越3%，即不影響形態。後抽完畢，股價普遍重拾升勢，因市場購買力遠高於沽售力量。

其他需留意的，包括在雙底形態中，第二個最低點或會低於首個最低點少許，只要彼此相差幅度小於3%，即不影響形態。

雙底圖例（越秀投資周線圖，1997年1月1日至1999年3月1日）

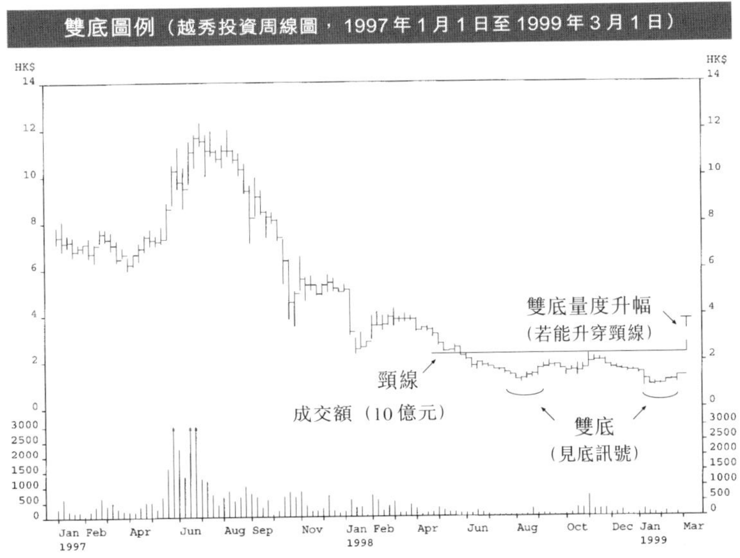

三頂／三底

Triple Tops / Triple Bottoms

三頂及三底，形成過程及確認方法極之相似，可謂是雙頂及雙底的變形形態。與雙頂及雙底的不同之處，在於三頂及三底形成時間需時較長，較雙頂及雙底多一個頂位及底部。

三頂，同屬於反轉形態之一，屬向淡之見頂訊號，見頂機會極高。三底，亦屬於反轉形態之一，屬向好的見底訊號，見底機會極高。一旦跌穿或升穿頸線，便確認三頂或三底形態，投資者宜把握機會盡快沽貨離場或買入。至於三頂或三底形態特徵如下：

(1) 三頂形態中，第二個頂位上升期間的成交量普遍較第一個為小，第三個頂部的成交量則較第二個為小，沽售訊號將非常突顯，因每次回試底部期間，購買力量都較上一次為小。三底形態中，第二個頂點回升期間，成交量較首個頂位為多，而第三個頂部回升期間，成交量更大為增加，這將更確定見底回升及買入訊號。

(2) 三頂回落期間，股價跌穿頸線時，毋須大成交配合跌勢。三底回升期間，股價升穿頸線時，卻需大成交配合升勢。

(3) 跌穿或升穿頸線後，股價或會後抽反彈，只要回升或回落幅度不超越 3% 幅度，即不影響形態。

(4) 三頂形態中，三個頂位的高低最大差距宜在3%之內；而三底形態中，三個底位的高低最大差距亦宜在 3% 之內。

(5) 三頂的各個頂部與頂部的距離及時間毋須等同。同樣，三底的各個底部與底部的距離及時間亦毋須等同。

圓形頂／圓形底

Rounding Top / Rounding Bottom

圓形頂，即碟形頂(saucer top)，屬於轉向形態，顯示大跌市即將來臨，後市跌勢將會很大。

顧名思義，圓形頂的形態特徵是倒轉半圓形或碟形，成交量在頂部形成後，開始逐步減少。凡確認圓形頂見頂形態，投資者宜盡快沽貨離場，以免所持股份變成“蟹貨”。

圓形頂的形成，是股價經過一段升勢後，升勢開始放緩，每次新高位較上一個高位距離不遠。由於升勢放緩，部分先知先覺的投資者便撤退離場，令賣方力量增加。淡友先在圓形頂部與好友勢力對抗，其後在好友數目逐步減少下，淡友就得以漸漸控制局面。股價遂持續下滑，直至淡友全面控制局面後，市場需求轉為供過於求，跌勢才會較急。由於形成過程稍長，有時需數月始完成圓形頂。

個別情況下，即使圓形頂形成，股價也不會即時急跌，僅會

圓形頂圖例（恆生指數日線圖，1997年11月1日至1998年10月30日）

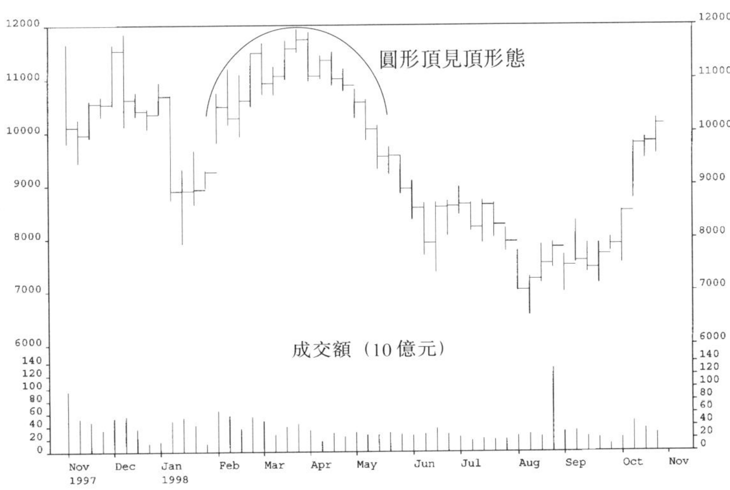

反覆徘徊，橫行發展，這徘徊區稱為“碟柄”或“碗柄”。但由於跌勢已成，該“碟柄”或“碗柄”一般很快便被突破，股價會轉而向下，朝預期中的下跌趨勢而行。

圓形底，又稱碟形底(saucer bottom)，屬於見底形態，顯示跌勢已逆轉，大升市即將來臨，後市升勢可以很大。其走勢及趨向，與圓形頂剛好相反。

顧名思義，圓形底的形態特徵是倒轉半圓形或碟形，成交量在底部形成後，開始逐步減少。凡確認圓形底見底形態，投資者宜待圓形底升勢轉急初期，才追買股票。

圓形底的形成過程如下：當股價經過一段跌勢後，跌勢開始放緩，沽售（或沽空）股票的成交量開始減少。每次新低位較上一個低位距離不遠。由於跌勢放緩，部分先知先覺者開始趁低吸納，收集手法普遍是有耐性地限價收集，淡友力量因屢攻不下而開始減少，令圓形底部的成交量亦減少。其後好友數目逐步增加，漸控制局面，股價才能逐步上揚。及好友完全控制局面，市場需求轉為求過於供，升勢方轉急。由於形成過程稍久，往往需時數月始完成圓形底形態。

個別情況下，即使圓形底形成，股價並不會即時急升，僅會反覆橫行徘徊，這徘徊區稱為“碟柄”或“碗柄”。但當升勢既成，這“碟柄”或“碗柄”很快會被突破，股價轉而向上，朝預期的上升趨勢而行。

長方形

Rectangle

長方形，即箱形（box），指股價走勢反覆上落，好友、淡友實力相若，屬於整固或調整形態，亦突顯後市未有大方向。一旦股價升穿長方形，兼獲大成交量配合，便是買入訊號；反之，若股價跌穿長方形，無論成交量有否配合，宜盡快沽貨，因是沽出訊號。

形態特徵方面，長方形走勢當與長方形相似，若非有外圍因素或重大消息公佈，股價可以橫行多時始見突破。同時，長方形的上、下波幅愈大，突破時的爆炸力當較波幅小且狹窄的長方形為佳。形態上，若長方形這橫行通道既非上傾，亦非下降，而是平行發展，將屬於完美的長方形走勢。

長方形走勢的形成，一般是由於好淡雙方信心有限，因而令好友僅會在某水平趁低吸納，但當股價升至某水平，又會立即沽貨套利，而淡友做法則與好友相反，不過雙方所採取的同樣是較

長方形圖例（匯豐周線圖，1998年1月1日至1999年3月24日）

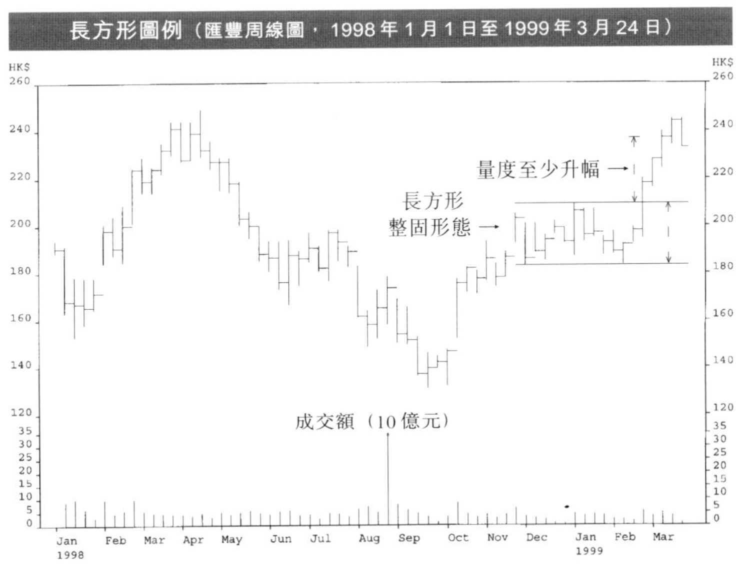

消極的"高沽低揸"策略。由於雙方尚未有把握預測後市大方向，因此令長方形橫行趨勢出現。同時，個別幕後人士或莊家刻意壓價收貨，亦有可能令該股正常的供求關係被扭曲，直至在低位貨源歸邊，或在高位完成托價出貨為止。

凡突破長方形的上下限，預測後市升勢或跌勢，可量度長方形最高價至最低價的距離，然後套在突破位起點之上或之下作計算，便可知後市最小的升幅或跌幅。

另外，又會有後抽的情況出現。若股價升穿長方形上限，即現後抽(假性或短暫性回跌)，只要股價尚未回落至長方形上限以下，後市仍有機會向上。同樣，若股價跌穿長方形下限，即現後抽(假性或短暫性回升)，只要股價尚未回落至長方形下限以內，後市仍有機會向上。凡突破向上或向下後，股價隨即升回長方形的上限或下限以內，將可確認是次突破失敗。

三角形

Triangle

三角形，屬於圖表中常見的調整形態，內分四類三角形形態，包括對稱三角形（symmetrical triangle）、擴散三角形（inverted symmetrical triangle）、上升三角形（ascending triangle）及下降三角形（descending triangle）。上述四類三角形的形態及意義分析均不同，詳見如下：

(1) 對稱三角形

形態：

顧名思義，對稱三角形形態與對稱三角形一樣，股價在反覆上落期間，由於好、淡友爭持不下，因而令每個高點均較上一個高點為低(因淡友沽盤力阻股價繼續向上升)，每個低點亦同樣較上一個低點為高（因市場好友趁低吸納，沽盤亦未肯賤價沽售持倉）。如是者，對稱三角形逐步形成。

意義分析：

(i) 對稱三角形屬於不明朗形態，一旦股價升破上限阻力線(即三角形頂部)，兼獲大成交配合，後市走勢預期會突破向上，屆時將是買入時機。相反，若跌破下限支持線(即三角形底部)，獲低成交量配合，才是理想的買入時機。

(ii) 量度最小升幅或跌幅，宜先量度三角形內最高點至下限支持線間的垂直距離。若突破向上，將有關距離由突破點開始向上量度，即可得到最小升幅；若突破向下，將有關距離由突破點開始向下量度，即可得到最小跌幅。

(iii) 下破三角形下限時，成交量不跌反升，股價在幾個交易日內(或一至兩個交易日內)即迅速回升，後市或開始止跌回升。

(iv) 凡股價愈接近對稱三角形尖端，未來突破動力將有限。

反而股價若在整個形態二分之一至四分之三左右突破，所呈現的突破訊號將較為準確。

注意事項：

(i) 對稱三角形，至少需由兩個明顯高點及低點構成。

(ii) 確認突破，股價需升穿或跌穿對稱三角形頂部或底部收市價至少 3% 幅度，這樣可信性才大增。

(iii) 對稱三角形宜按市場變化而加以修訂。

若股價升破上限阻力線後，卻企於該線以下報收，投資者宜考慮放棄原有上限阻力線，嘗試以新近高位與首個高位連成一線，重新修訂對稱三角形的上限阻力線。修訂下限支持線的做法，與上相同，僅需將上限阻力線的修訂步驟倒轉過來。

(2) 擴散三角形

形態：

擴散三角形，與對稱三角形形態相反，卻類似喇叭形形態，因其波動幅度逐步擴大。擴散三角形形態，先由狹窄波動開始，然後逐步向上下兩方擴大。將明顯的最高點及最低點(至少兩點)連成一線，即形成類似喇叭的擴散三角形。擴散三角形的形成，主要由投資者的不理性行為造成，大升大跌，波幅極大，屬於其特徵。

意義分析及注意事項：

(i) 一旦突破下限支持線，即使成交未有大增，亦可確定跌勢及短期沽出訊號。

(ii) 擴散三角形未有量度最小升幅的預測方法。

(iii) 一旦突破下限支持線，預期跌幅非常驚人，或會出現消耗性下跌。

(iv) 擴散三角形以突破向下居多，若然有力突破向上，兼獲大成交配合，預期後市升勢將較為淩厲，甚至是消耗性上升的開始。

(3) 上升三角形(即平頂三角形)

形態：

上升三角形，屬於調整形態，調整過後，卻有機會突破向上，而突破向下的機會一般較小。上升三角形，又稱平頂三角形，因其形態正是一個平頂三角形。底部支持線是向右上方斜上，表示市場好友佔上風，卻又不大看好後市，因而令股價每回升至某水平即遇壓而回，形成一條橫向的水平阻力線，但每個低位均較上一個為高(因好友佔上風)。如是者，上升三角形逐步形成。

意義分析：

(i) 一旦突破上升三角形向上，兼獲大成交配合，這是一個短期買入訊號。

(ii) 量度最小升幅，宜先量度平頂三角形最低點與頂部阻力

三角形圖例(中國電信日線圖，1998年12月1日至1999年5月4日)

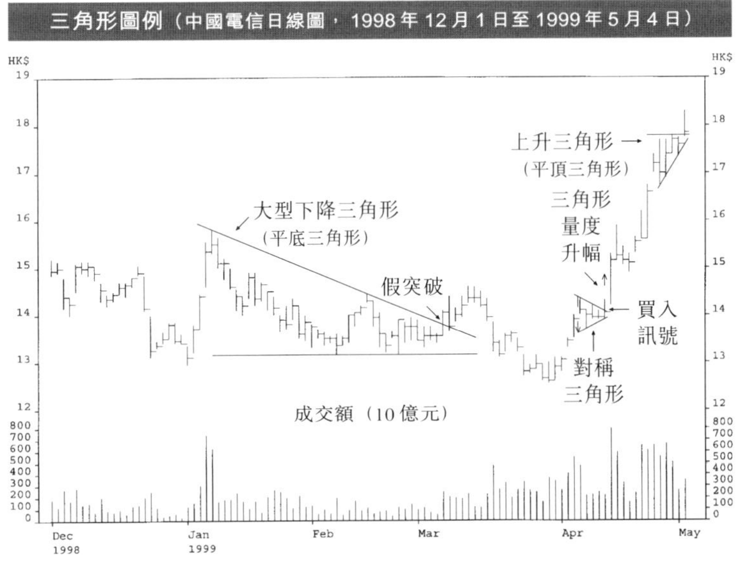

線間的垂直距離。若突破向上，將有關量度距離在突破點開始向上量度，即可得到最小升幅。

(iii) 凡股價愈接近三角形尖端始呈突破，未來上升動力或會有限。若股價反覆調整至整個三角形形態二分之一至四分之三左右突破，所呈突破訊號將較為準確。

注意事項：

(i) 上升三角形逐步形成時，股價普遍會突破向上，若不幸跌穿下限支持線，下跌幅度又超越3%，便應即時沽出持倉，直至形勢明朗。同樣，若突破上升三角形後，股價反覆向下回試三角形頂部，但未有跌回三角形頂部之下，或僅輕微跌穿三角形頂部線不過3%幅度（與前一天收市價比較），這可視作短期後抽（即假性回落）。後抽完畢，股價將會重拾升勢；相反，若跌幅超越3%，上升三角形將告失敗。

(ii) 上升三角形，至少需由兩個明顯高點及低點構成，若上限阻力線或下限支持線由愈多點構成，其阻力線或支持線的可靠性將愈高。

(iii) 確認突破向上，股價突破干預阻力線時，必須有大成交配合。若突破幅度超越3%（與前一天收市價比較），可信性亦大增。

(4) 下降三角形（即平底三角形）

形態：

下降三角形，屬調整形態，調整過後，普遍會突破向下。下降三角形，又稱平底三角形，因其形態正是一個平底三角形。頂部阻力線是向右下方傾斜，表示市場淡友居多，把握每次機會沽出持倉，故此每個高點均較下一個為低；底部支持線，卻是橫向的水平線，因淡友至此不大看淡後市，形成股價每回落至某水平，即有趁低吸納盤進場。如是者，下降三角形逐步形成。

意義分析：

(i) 一旦突破下降三角形向下，即使未有大成交配合，這已是一個短期沽出訊號。

(ii) 量度最小跌幅，宜先量度平底三角形最高點與平底阻力支持線間的垂直距離。若突破向下，將有關量度幅度在突破點開始向下量度，即可得到最小跌幅。

(iii) 凡股價愈接近三角形尖端始呈突破，未來下跌動力或會有限。若股價反覆調整至整個三角形形態二分之一至四分之三左右突破，所呈突破訊號將較為準確。

注意事項：

(i) 下降三角形逐步形成時，股價普遍會突破向下。若升破頂部阻力線幅度超越3%，突破期間亦獲大成交配合，下降三角形將告失敗。

(ii) 下降三角形，至少由兩個明顯高點及低點構成。若上限阻力線或下限支持線由愈多點構成，其阻力線或支持線的可靠性將愈高。

(iii) 確認突破向上，股價突破平底支持線時，毋須獲大成交配合，若突破幅度超越3%（與前一天的收市價比較），可信性亦會增加。

旗形

Flag

旗形，屬於調整形態之一，通常出現在波動市中，旗形可分成上升旗形（rising flag）及下降旗形（falling flag）。前者（上升旗形）通常在牛市第三期出現，暗示升市進入尾聲；後者（下降旗形）通常在牛市第一期或第三期出現。旗形整固期，則往往在三至四個星期之內。凡見上升旗形，宜在突破向上時買入；凡見下降旗形，宜在突破下限支持線時，盡快沽出。

（1）上升旗形

形態：

股價急促上升時，成交量大增。其後股價雖作短暫性回落，但回落幅度不大，僅回落數個價位便即見反彈，因市場好友充滿信心。是次反彈，雖未能挑戰近期最高點，但再下跌時，成交量在下跌期間卻進一步下降，回落速度亦不快，顯示沽售力量有限。如是者反覆向下，終形成一個緊密、狹窄及略為向下的股價平行密集區。把所有最高點連合，將是上限阻力線；把所有最低點連合，將是下限支持線。

值得留意的是，形成上升旗形，往往需時三至四星期，若期內未能呈突破，旗形形態或告失敗。同時，成交量在反覆向下期間雖漸次遞減，惟在突破下限阻力線時，必須獲大成交配合。

突破特徵及意義分析：

(i) 量度最小升幅，就是在旗形突破向上該點計，將整支旗桿幅度在該點向上量度便是。

(ii) 突破旗形後，走勢速度及形態將如調整前一樣，即將會急促上升。

(iii) 市場往往以為股價急升過後，便會開始無以為繼。事實上，股價反覆向下調整期間，成交量逐步減少，顯示沽售力有限；股價回落速度及幅度有限，則暗示市場購買力仍強。稍作調整後，股價將朝原先的升勢向上。

(2) 下降旗形

形態：

股價在急促下跌時，成交量大增。其後股價雖作短暫性反彈，惟反彈幅度不大，僅反彈數個價位即再度回落，因市場信心有限，成交量亦無法增加。是次回落雖未跌回近期最低點，但成交量進一步減少。如是者，反覆向上的短期波動，形成與原來跌勢呈相反方向傾斜的長方形，這類似小型上升通道的密集區就是下降旗形。

值得注意的是，形成下降旗形未有固定時間限制。若處熊市第一期，數天的交易日已足以形成細小的旗形；相反，若處熊市第三期，旗形的形成將會需時更長，或會在三至四星期內呈突破。成交量在反覆向上時漸次遞減，惟在突破下限支持線時，未必需要大成交配合。不過，若突破旗形向下期間，成交量勁增，其後跌勢速度將更快。

突破特徵及意義分析：

(i) 量度最小跌幅，就是在旗形突破向下該點計起，將整支旗桿幅度在該點向下量度便可得到。

(ii) 突破旗形向下後，跌勢的速度及形態將與調整前一樣，即將會急促下跌。

(iii) 若調整形態未能在三至四星期內呈突破，或期間成交量驟增，下降旗形或告失敗，暗示市勢或會逆轉。故此，成交量的變化，在旗形走勢中是非常重要。

楔形

Wedge

楔形，屬於調整形態，可分上升楔形（rising wedge）及下降楔形（falling wedge）。上升楔形，通常在大跌市或熊市中出現，反彈過後，股價將繼續原來跌勢；下降楔形，通常在中、長期升勢中出現，調整過後，股價將繼續上揚。有見及此，凡見上升楔形，宜提高警覺，準備沽貨離場；相反，凡見下降楔形，宜準備資金，再看看應否待突破時進入。

(1) 上升楔形

形態：

股價經大幅下跌後，出現強烈技術性反彈。當回升至某水平時，卻再度回落，惟跌勢較緩慢，股價未至上個低點前已見支持。第二次反彈時，上升的最高點將高於首個最高點，形成一波高於一波的趨勢。當反彈至某水平，股價會再度回落，但卻高於首個高點向下回落時的最低點。將兩個最高點連成一線，另將兩個最低點連成一線，即見上升楔形。

上下兩條趨勢線，形成時間一般需時二至三個星期，成交量在反覆向上期間，往往是漸次遞減。

突破特徵及意義分析：

(i) 由於每個高點升幅收窄，股價僅能作有限度的上升。

(ii) 凡出現上升楔形，股價每每突破向下居多。相反，若反彈期間，成交不跌反升，兼且向上突破由最高點連成的趨勢線，這形態或告失敗。

(iii) 當跌破下限支持線，將是沽出訊號。

(iv) 暫時未有量度最小跌幅的方法，但一般而言，最小跌幅會是上升楔形的上升幅度。若跌破上升楔形內的最低點後，跌勢將會增加。

(v) 市場往往以為上升楔形應意味向上，因上下限趨勢線均向上走。但究其實，上升楔型在反彈期間雖未見龐大沽壓，但每個上升浪均較上一次為短，突顯市場需求有限，當好友承接不下，淡友將能輕易攻破下限趨勢線。

(2) 下降楔形

形態：

形態是上升楔型倒轉過來。股價在中、長期升勢市中呈獲利回吐。當股價回落至某水平始見反彈，但反彈卻未及回落前的最高點，上升浪波幅亦較小。由於反彈及回落期間，成交漸次遞減，顯示買盤及沽售力量均不強，令上限阻力線及下限支持線均向下傾斜。上限阻力線，是由每個最高點連合為一線而成；而下限支持線，則由最低點連合為一線而成。

上下兩條趨勢線的成交量，在反覆向下期間，每每漸次遞減。

楔形圖例（中國電信日線圖，1998年12月1日至1999年5月4日）

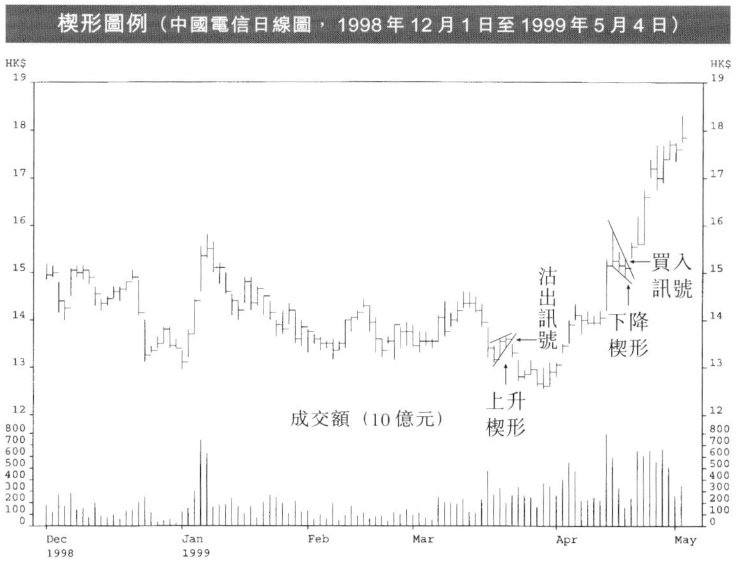

突破特徵及意義分析：

(i) 由於每個最低點的跌幅收窄，股價僅作有限度下跌。

(ii) 凡出現下降楔型，股價每突破向上居多，惟突破下限阻力線後，股價有機會向橫徘徊，直至股價逐步上揚，成交量亦隨之而增加，屆時將是買入良機。

(iii) 暫時未有量度最小升幅的方法，但一般而言，升幅會至下降楔形的最高點。若仍處牛市，升穿這最高點的機會極大。

轉勢

Reversal

轉勢，意即升勢逆轉，或跌勢逆轉，凡走勢逆轉，將為投資者提供沽出或買入訊號。

升勢逆轉的原因，可以是由於股價累積升幅過巨，現價較合理價為高，呈現超買，投資者及基金傾向大手沽出該股，並拋出獲利止賺盤，形成沽售壓力，相反購買力卻有限。當指數或股份在高位乏力支持，隨之而來將是升勢受阻，被迫掉頭回落，若配合沽壓龐大，該股升勢將會逆轉。

以形態走勢看，頭肩頂、複式頭肩頂、圓形頂、雙頂、島型向下轉向、頂部單日或頂部雙日轉向等，均有見頂回落的轉勢意味。若以陰陽燭看，高位見黃昏之星、射擊之星、穿頭破腳、三飛烏鴉、吊頸、烏雲蓋頂、十字胎、身懷六甲等單一或綜合陰陽燭組合，均是升勢乏力的見頂先兆。配合成交量、形態走勢及陰陽燭看，將能更可靠地預測後市；為穩健計，若有上述見頂先兆，投資者還是趁高套現為上。

跌勢逆轉的原因，是由於股價累積跌幅已巨，現價較合理價偏低，投資者及基金傾向大手趁低吸納進貨，令股價跌勢喘定。當低位見龐大趁低買入盤，下跌期間累積的“蟹貨”幾已沽清，該股將較易升穿短期阻力軌，出現跌勢逆轉的情況。

以形態走勢看，頭肩底、複式頭肩底、圓形底、雙底、底部單日或底部雙日轉向等，均屬見底回升、跌勢逆轉的訊號。若以陰陽燭看，低位見早晨之星、錘頭、破腳穿頭、三個白武士、曙光初現、身懷六甲、十字胎等單一或綜合陰陽燭組合，均有跌勢放緩、見底回升的意味。既然下跌空間有限，跌勢有機逆轉，投資者不妨小注買貨，待股價升穿短期阻力軌，確認轉勢後，始再將資金分批買入。

個別情況，股市走勢會受到突然的轉勢刺激，如1998年8月14日至該月底期間，政府動用約1,200億入市支持，刺激恒指於6,600點低位突然轉勢向上。另外，1998年10月初，日圓受對沖基金冚倉盤帶動，驟強至1美元兑111日圓水平，令港股回升至9,000點水平。不過，除上述突發的外圍情況外，市況轉勢大都是有跡可尋的。

單日轉向

One-day Reversal

單日轉向，是短期（甚至中期）見頂回落或見底回升的轉向形態。單日轉向的形態特徵，是成交量驟增，全日波幅極大。它可出現於短期或中期（甚至長期）走勢上；若配以下跌裂口或上升裂口(甚至消耗性裂口)，則見頂回落或見底回升時的訊號將更明顯。

單日轉向如出現在頂部，稱為“頂部單日轉向”(reversal day top)，通常在消耗性上升的末期出現。當股價持續上升一段時間，兼呈現超買現象，但投資者仍情緒高漲，肯以市價買盤(甚至“跳價”)瘋狂買貨，將使股價在某個交易日不尋常地被推高。但在同日內，大量低位進貨的投資者趁高沽貨套現，就會令龐大沽壓湧現，拖累股價，使股價在當天以全日最低價（甚或倒跌）報收。結果，當天波幅雖大，成交量亦很大，但當天的升幅可能完全沒有。超買過後，加上龐大沽壓，將是中期或短期見頂的先兆。以陰陽燭形態看，股價頂部將出現倒轉錘頭、長手十字星、射擊之星、長手陰燭（或陽燭）等升勢逆轉的形態。若第二個交易日出現大陰燭、頂部三支陰陽燭，便有機會是黃昏之星的組合，見頂訊號更加明顯。

假如股價在頂部以全日最高價（或接近全日最高價）收市，翌日股價卻以接近前一天最低價報收，錄得跌幅離場。經兩天始見頂回落，這形態走勢稱為“頂部雙日轉向”(two-day reversal top)。

單日轉向若出現在底部，稱為“底部單日轉向”(reversal day bottom)，通常在恐慌性拋售的後期出現。當股價持續下跌，投資者為減少虧損，大都會止蝕離場，形成龐大沽壓。即使以市價沽盤掛牌，亦未必可將持倉脫手，此時投資者將會“跳價”沽出，令到跌勢加劇，形成股價在某個交易日因瘋狂拋售而大幅下跌。但在同日內，另一些投資者卻認為股價已極度超賣，再下跌的空間有限，遂爭相趁低進貨，帶動股價收復失地，使當天跌幅幾乎全部消失，股價得以接近全日最高價或開市價報收。結果，股價全日波幅雖大，成交量亦很大，但當大部分“蟹貨”已沽出，市場沽壓便有限。超賣過後，好友反而可趁機作出反攻，因股價中期（或短期）走勢將見底。以陰陽燭形態看，股價底部將出現錘頭、長腳十字星、長腳陰燭或陽燭等跌勢逆轉的形態。若第二個交易日出現大陽燭、底部三支陰陽燭，便有機會形成早晨之星的組合，見底訊號將更明確。

若股價在底部以全日最低價（或接近全日最低價）收市，翌日股價卻以接近前一天最高價報收，錄得升幅離場。經兩日始見底回升，這形勢走勢便稱為“底部雙日轉向”（two-day reversal bottom）。

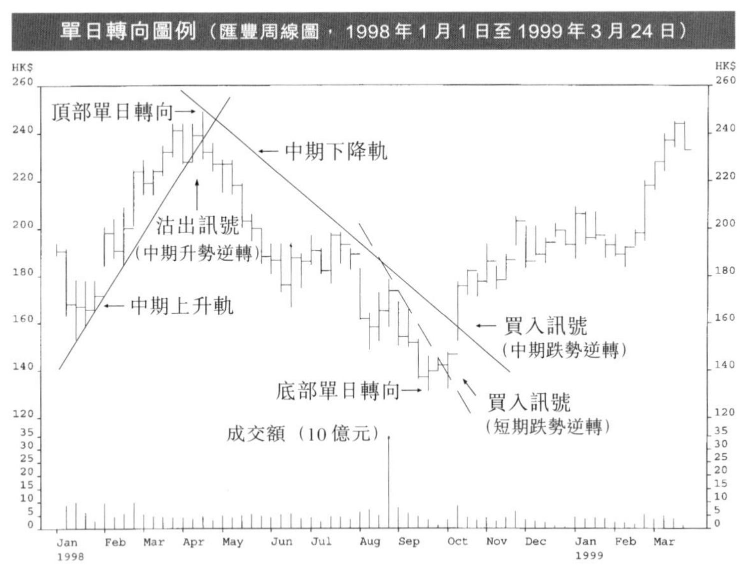

單日轉向圖例（匯豐周線圖，1998年1月1日至1999年3月24日）

島形轉向

Island Reversal

島形轉向，屬轉勢形態。若出現在升市中的頂位，顯示升市將因支持乏力而逆轉；若出現在跌市中的低位，顯示跌市將隨買盤增加而逆轉向上。

在升市時，如果股價以“消耗性上升裂口”展開序幕，跟着橫行整固或反覆爭持後，再以“突破性裂口”向下完全回補“消耗性上升裂口”。這種島形轉向的走勢，顯示上升市很有可能出現逆轉。島形轉向的下一步，將是出現大幅調整，此時投資者必須盡快將持倉沽出。相反，若處跌市，島形轉向將是提示投資者買入的訊號。一般其形態走勢如下：先以“消耗性下跌裂口”為開始，繼而股價橫行整固或反覆爭持一段時間(可能僅數日)，再以“突破性裂口”向上完全回補“消耗性下跌裂口”。當出現了島形轉向，隨之而來的，將是股市逐步向上回升。由於走勢已見底，屆時投資者應趁機買貨。

島形轉向之所以在日線圖或周線圖上持續出現，究其原因是與市場購買力及沽售力有關。若股價持續上升，投資者將難以以限價買盤（甚至市價買盤）買入心目中的股份。當買入目標價遠高於預算，個別投資者便會按捺不住，願以高出市價的價格（俗稱“跳價”）掃貨，形成“上升裂口”。惟股價經連番上升後，股價在高位便明顯缺乏購買力支持升勢；在高位反覆爭持期間，若獲大成交量配合，而股價走勢仍行人止步，則股價日後沽壓將不小。當市場察覺股價乏力支持後，就會爭相沽貨套現，形成“下跌裂口”，並完全回補上升裂口。從形態看，兩旁裂口似將高位爭持的島形分離。若加上沽壓龐大，股價短期將難以重上島型頂水平。島形轉向若發生在股價底部，其情況及形態，將與島形轉向發生於頂位時相反，一切逆然。

移動平均線

Moving Average

移動平均線，為投資者常用的技術指標。其優點是可分析股價或指數短線、中線、長線的趨勢，為投資者提供買入及沽出訊號，而其缺點則是未能提供超買及超賣的訊號。因此，移動平均線僅能判斷後市趨勢，未能明確預測短線、中線、長線頂位和底位。同時，若市況窄幅牛皮，沒有大方向，移動平均線發出訊號的準確性將大為降低。

雖然移動平均線也有不足之處。不過，由於在分析趨勢及判定買賣這兩方面，移動平均線確有其優勢，故廣為市場人士採用。

移動平均線是由不同移動平均數連起來而成的。移動平均數的計算方法，是將某段時間的每個交易日收市價加起來，除以該段時間的交易日日數，從而得出一個移動平均數，將不同的移動平均數在圖表上連起來，便成為一般所採用的簡單移動平均線(simple moving average)。例如要建立一條五十天移動平均線，便要把該股五十天內每個交易日當天及之前四十九個交易日的收市價加起來，再除以五十，從而得出五十天內每日的移動平均數，然後將各個移動平均數連成一線，即為一條五十天移動平均線。

除簡單移動平均線外，為了彌補其不足，因此又有加權移動平均線(weighted moving average)、因子移動平均線(exponential moving average)及移位移動平均線(variable moving average)等應運而生。

移動平均線的時段，由投資者因應市況而設定，可以是日數、周數、月數，甚至年數。以日數為例，五天及十天屬於短線組合，二十天及五十天屬於中線組合，一百天及二百五十天屬於長線組合。日數愈短的平均線，適用於推測短期趨勢，長線趨勢則宜以長線組合的平均線作分析。

移動平均線圖例（恒生指數日線圖，1997年1月1日至1998年1月27日）

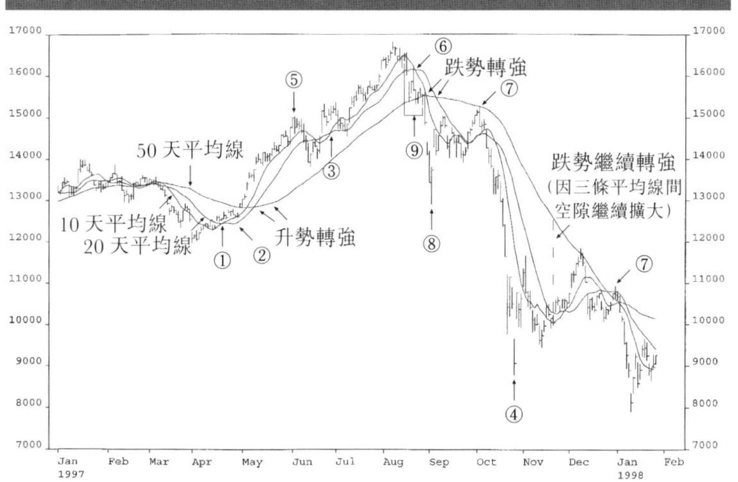

買入時機

① 較短日數的平均線（快線）從底而上，升破中長線（慢線），例如10天或20天平均線上破50天平均線，顯示較強升市即將來臨。

② 各平均線繼續向上升，股價每下跌至20天平均線前即見反彈，顯示該平均線支持力強。未跌穿該平均線前，可趁機買進。

③ 三條平均線繼續向上升，10天平均線雖跌破20天平均線，卻在短期內回升至20天平均線之上。

④ 三條平均線向下跌，股價暴跌以致遠離20天或50天平均線，極度超賣或會引致技術性反彈，可投機性買入。

沽出時機

⑤ 三條平均線繼續向上升，股價暴漲以致遠離20天或50天平均線，極度超買或會引致較大回落，宜先沽出。

⑥ 較短日數的平均線從底而下，跌穿中長線，例如10天或20天平均線下穿50天平均線，顯示較強跌市即將來臨。

⑦ 三條平均線繼續向下跌，股價從底升穿10天或20天平均線，但觸及50天平均線即遇壓而回，可視該線為阻力線，凡觸及該線即趁機沽出，直至跌破該線為止。

⑧ 三條平均線繼續向下跌，股價從下而上，並升破10天平均線，卻隨即迅速回落，顯示是次反彈出現疲態，宜趁機沽出。

⑨ 升市中，快線表現將優於慢線，若兩線間空隙明顯收窄，暗示上升動力銳減，升勢快將逆轉。

上述短線、中線、長線的組合，僅是市場慣用的組合。其實，每組合並未有固定限制其中日數；為求準確，投資者可因應不同股份或指數的波動，而在特定時間內設定特別的組合，如三條平均線的組合可以分別是四天、九天及十八天。

運用移動平均線測市的方法：

凡股價或指數從底而上，升穿短期線（如五天或十天平均線），將是買入訊號。若短期線從底而上，升穿中期線（如二十天或五十天平均線），顯示是次上升動力較強。若股價或短期線升穿長期線（如一百天或二百五十天平均線），將確定後市有機擺脱過去弱勢，一日未回跌該線以下，較強的升市仍有機會重臨。

相反，若股價或指數從頂而下，掉頭跌穿短期線，將是沽出訊號。若短期線從上而下，掉頭跌穿中期線，將突顯後市中期趨勢或有轉向意味，較強的下跌趨勢或將出現。若股價或短期線連長期線亦失守，跌穿長期線將確定後市有可能改變過去強勢，較強的跌市或將重現。

另外，凡處上升市，短期平均線表現將優於中期線和長期線的走勢，令它們之間出現較闊空隙。一旦當中的空隙收窄，升勢便將減弱。假如處於跌市，情況則與上相反。

強弱指數（RSI）

Relative Strength Index, RSI

在升市時，大部分股票都會上升，問題是每隻股份的升幅都未必相同。同樣地，在跌市時，大部分股份的股價都會下跌，但是下跌幅度也未必相同。所以經常可見到一些證券公司的投資報告，會用"優於大市"或"跑輸大市"來形容不同股份；又或者，會把股份分為強勢股和弱勢股。

在技術分析中，有一個指數叫做強弱勢，分析方法很簡單，就是將股價除以指數(例如恒生指數)，跟着把這數據繪在股價圖上分析。如果那隻股票是屬於強勢的話，那麼強弱勢這個數據值會不斷攀升；相反，當強弱勢這個數據值不斷下降，代表這隻股票處於弱勢。但是這個強弱勢的數據，不能在股票間互相比較，因為每隻股票的價格都不相同。

強弱指數解決了強弱勢的問題，這個強弱指數的數值波動只會在0與100之間。通常一般技術分析方法是：當強弱指數的值接

強弱指數圖例（中海發展周線圖，1994年11月11日至1999年3月1日）

近20，代表股票超賣，股價彈升可期，投資者應考慮吸納股份；相反，當強弱指數值接近80，則代表股票超買，股價將會下調，投資者應該盡快把股份賣掉。

隨機指數（STC）

Stochastics, STC

隨機指數，為投資者提供買入及沽出訊號，數值一般介乎0至100之間。透過%K線（快線）（一般為實線）及%D線（慢線）（一般為虛線）的變化，股票、期指及恆指的波動情況均會清楚顯現在投資者眼前。

隨機指數，一般分為快版和慢版，快版採用十八時段計算（時段可以是小時、日數、周數等），慢版採用五時段計算。若論準確性，慢版較能避免因走勢陷阱而作出錯誤判斷，因分析數據已平滑化；尤其在期指市場等波幅極大的市場，慢版隨機指數的參考價值更高。

若以隨機指數界定超買或超賣情況，一般是當數值為80及90，即視為超買及極度超買狀況；反之，若股價回落，數值跌至20及10，便被視為超賣及極度超賣狀況，此時若股價過於低殘，隨時會出現反彈。數值50，由於處於0至100之間，屬上、下限的中軸，故可視為好淡分界線，若%K及%D企於數值50之上，可視為好友佔優；相反，若%K及%D雙雙位於數值50之下，則被視為淡友佔優。

隨機指數亦可用作判斷買賣的參考。一般而言，若%K及%D均在數值20以下，其後%K由下而上，兼升穿%D，便屬簡單的買入訊號；反之，若%K及%D均在數值80以上，其後%K掉頭向下，兼跌穿%D，將是沽出的訊號。

至於判斷背馳方面。若股價持續向下，走勢是一浪低於一浪，期內%K及%D卻出現相反走勢，新近低位較上一個低位為高，走勢一浪高於一浪，這便屬底背馳訊號，顯示跌勢將盡，應趁機買入。相反，頂背馳屬於利淡訊號，顯示升勢將盡，應趁機沽出；期內股價的走勢將會一浪高於一浪，而%K及%D的走勢卻一浪低於一浪。

隨機指數的%K及%D普遍以十四天及三天計算，前者波動較頻繁，後者的優點在於減少波動過密所出現的走勢陷阱，因%D是利用%K的三天平均值計算。%K的計算公式如下：

$$\underset{\text{（假設以十四天計算）}}{\%K} = \frac{\text{第十四天當日收市價} - \text{期內最低價}}{\text{期內最高價} - \text{期內最低價}}$$

背馳

Divergence

背馳，是指升勢或跌勢放緩，股價的走勢將會逆轉。頂背馳(top divergence)，意即升勢放緩，指數或股價難再企穩於高位，甚至有機會掉頭回落；若見此，投資者應趁早沽貨。底背馳(bottom divergence)，意即跌勢將盡，指數或股價開始見底回升，這屬於買入訊號。

若要判斷個別股票是否出現背馳情況，單靠觀察股價走勢的變化，是難以確定。投資者最好同時運用技術指標（如RSI、STC等）、成交量、未平倉合約等協助分析。

以RSI（相對強弱指數）為例，若股價創出新高，價位高於上一個高位，但RSI卻較上一個高位為低，甚至掉頭下跌至50這好淡分界線以下。這便是頂背馳的一種佐證。

同樣，以RSI為例，若股價低於上一個低位，其RSI線卻未有跟隨，反而較上一個低位為高，甚至掉頭回升。這便是底背馳

背馳圖例（恒生中資企業指數日線圖，1998年1月1日至1999年3月24日）

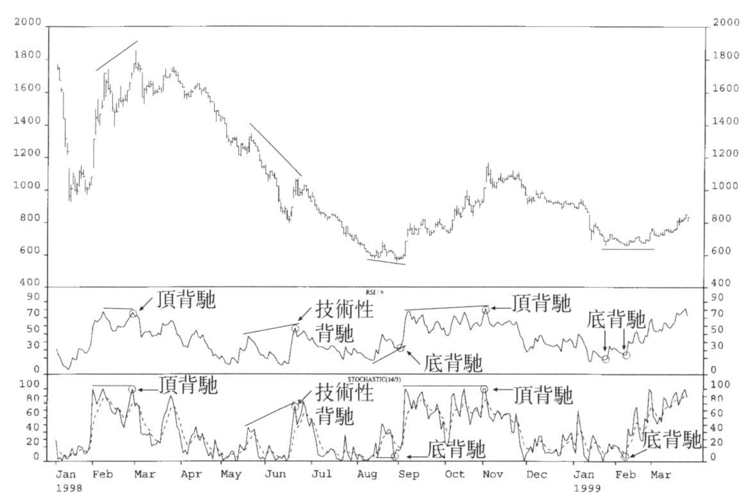

的一種佐證。

背馳現象的出現，可見於小時圖、日線圖、周線圖等，由於小時圖、十五分鐘圖、五分鐘圖等的波幅極大，容易出現走勢陷阱；相反，日線圖、周線圖的背馳變化較為可信。

另外，背馳次數愈多，見頂或見底的可能性將愈高。一般來說，如背馳次數達三次或上，見頂或見底的機會相當高。

超買／超賣

Over Bought / Over Sold

超買及超賣兩個名詞，是用來描述市場狀況。

超買，是形容市場或某股份因太多人追捧而導致股價急升，股價本身大幅偏離其實質價值。不過，在一輪急升後，當高位承接力不足，價格就可能出現技術性向下調整的情況。

超賣，是形容市場或某股份因太多人沽售而導致股價急挫，股價本身大幅低於其實質價值。不過，在一輪急跌後，到低位拋售壓力大幅減少，價格可能出現技術性向上反彈的情況。

所謂物極必反，股票在超買之後，股價因過高而缺乏承接，結果股價便會掉頭下挫。同樣地，股票在超賣之後，股價大幅偏離其合理價值，變得非常便宜，最終都會吸引一些有識人士趁低吸納。根據經濟學上的供求理論，股票這種商品的合理價值，是由市場上的供應及需求所決定的。但有時因某些原因，市場突然出現短期大量需求或大量供應，便會導致股份過分超買或超賣。

超買和超賣圖例

（恒生中資企業指數日線圖，1998 年 1 月 1 日至 1999 年 3 月 1 日）

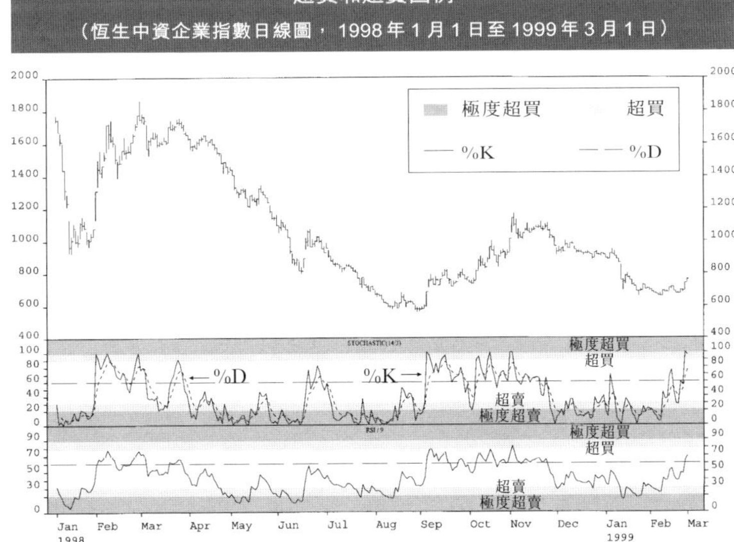

不過，超買或超賣的市場狀態是不會持久的，有些投資策略是趁市場超賣或超買之時作出相反買賣決定，以達致獲利的目的。若要判別市場是否超買或超賣，可參考強弱指數（RSI）這個技術分析數據：如果RSI大於80，代表市場超買；如果RSI少於20，代表市場超賣。

測市方法

9-02-99
恒生指數
12時29分 9077.41 -62.19
新恒生50中型股指數
12時29分 631.74 -5.20
恒指服務有限公司提供作參考

波幅／引伸波幅

Volatility / Implied Volatility

波幅，是用作量度股票或商品在某段時間內價格波動的變化。由於數據是由以往價格的變化而得出來，所以波幅又稱"歷史波幅"。計算波幅，可利用二十個交易日、三十個交易日或全年的價格變動去計算標準差（standard deviation），再運用每年標準差去計算波幅。其計算公式為：

$$標準差 = \sqrt{\frac{\sum_{i=1}^{n} (X_i - \overline{X})^2}{n-1}}$$

X_i為觀察對象（如股價），$\overline{X}$為期內所有n個現象的平均數。如計算全年波幅，需將上述算式所得數字再乘以365（天）。

簡單而言，標準差越大，如超過70%，代表該股價格波動不少，投資風險相應上升。如標準差較小，如低於30%，代表該股價格波幅不大，投資風險相應較小。雖說投資風險較小，即面對虧損的機會較低，但同樣獲利的機會亦會較低，故風險較小的股票並不一定最受投資者喜歡。

歷史波幅的不足之處，是僅能反映以往股價波動幅度的高低；為了能評估該股股價與同類股票價格相較的高低，因此又有引伸波幅的出現。引伸波幅，是指股價當中隱含正股價格波動的幅度，一般是應用於期權（options）和認股證（warrant）市場上。

若要計算引伸波幅，需依靠布烈克—索爾斯期權定價模式（Black-Scholes Option Pricing Model）計算（見88頁），所需數據包括正股股價（s）、行使價（X）、利率（r）、波幅（σ），尚餘到期日數（$T-t$）。

利用引伸波幅分析，下列各點需存記：

(1) 該認股證（或備兑證）的引伸波幅若較同類認股證（或備兑證）為低，即表示該認股證（或備兑證）是比較值得買。

(2) 認股證（或備兑證）的引伸波幅若較正股為高，該認股證（或備兑證）的價格便相對偏高。

(3) 若看好後市，宜比較各類衍生工具的引伸波幅（衍生工具包括備兑認購證、認股權證、認購期權等），其中較低者應相對地較值得買。

波幅計算公式及應用圖例

歷史波幅計算公式

歷史波幅：$\sqrt{\dfrac{(\text{每天回報率}-\text{回報率平均值})^2}{T-1}}$

全年歷史波幅：$\sqrt{\dfrac{(\text{每天回報率}-\text{回報率平均值})^2}{T-1}\times 252}$ *

備註：

每天回報率：$\mathrm{In}\left(\dfrac{\text{今日收市價}}{\text{昨日收市價}}\right)$

回報率平均值：$\dfrac{1}{T}\sum_{t=1}^{T}\text{每天回報率}$

T＝時間時標。如以5天認股證（或備兑證）價格之變動計算每天波幅，T＝5。

* 全年交易日約為252天。

波幅對認購及認沽期權（或備兑證）的影響

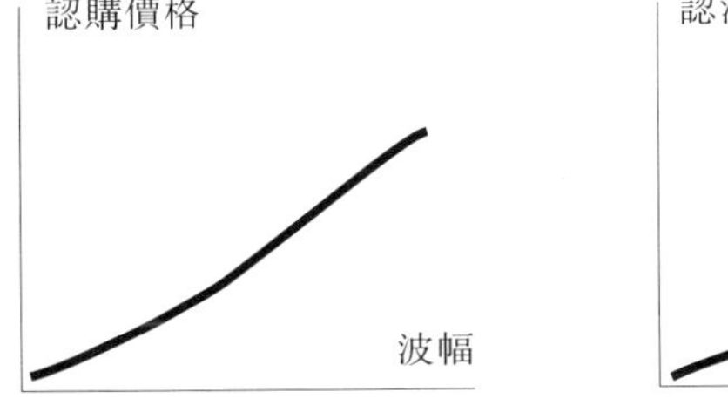

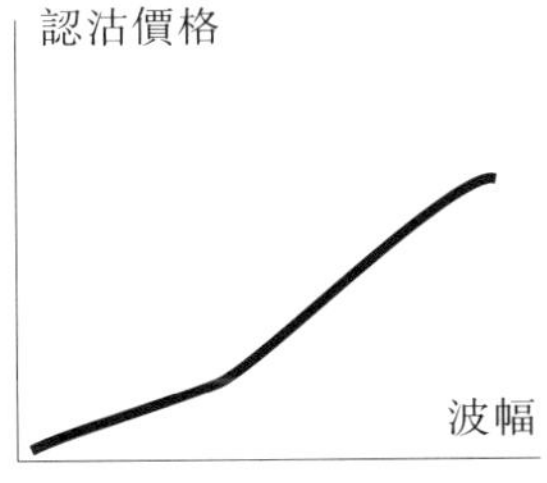

沽出訊號

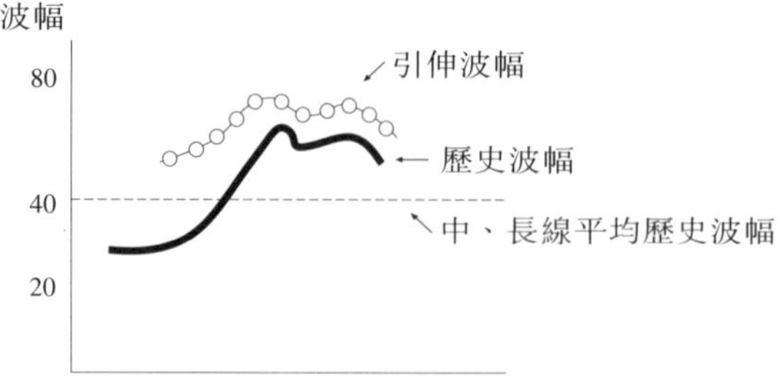

買入訊號

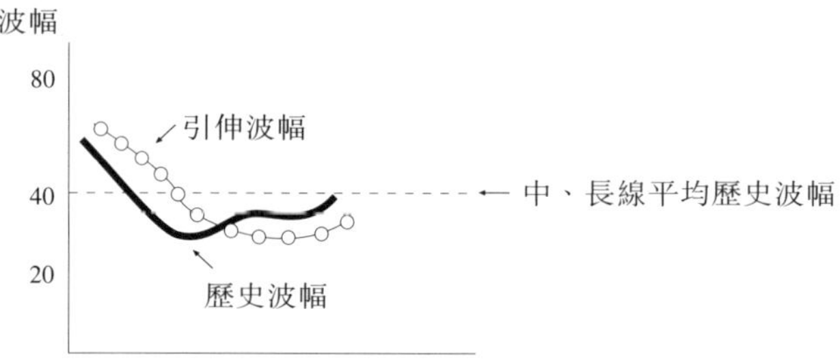

備註：

以歷史波幅去考慮買入該認股證（或備兑證）與否，下列三項比較將為投資者提供訊號，惟應否立即買入或沽出該認股證(或備兑證)，當然須配合其他因素去考慮。

(1) **以歷史波幅升降作指標**：

歷史波幅位於30-40%，則有買入價值；反之若位於70-80%，則宜沽出。

(2) **以引伸波幅與歷史波幅作指標**：

引伸波幅高於歷史波幅則宜沽出；反之亦然。

(3) **以歷史波幅與中、長線歷史波幅比較**：

歷史波幅低於中、長線歷史波幅，偏離越大，則表示認沽證價格越偏低；反之亦然。

綜合而言，歷史波幅只能顯示現價屬偏高或偏低，惟是否買入或沽出該認股證（或備兑證），應同時考慮其他因素始執行。

成交量

Volume

成交量，即總成交股數，一般是指當天成交股數，該數據有別於成交額(即總成交金額)，因後者是以成交股數乘以成交時現價來計算。

若單以當日成交量評估，實難以預測後市走勢；為此，應同時以股價升跌去預測後市。簡單而言，股價升跌與成交量變化，可以有以下啟示：

(1) **股價上升，成交量增加** —— 預期市況強勁，後市可向上。

(2) **股價上升，成交量不變** —— 預期升勢持續，後市可繼續向上，惟動力一般。

(3) **股價上升，成交量減少** —— 預期升勢動力極低，後市有機逆轉，屬將見頂的先兆。

(4) **股價下跌，成交量增加** —— 預期市況疲弱，沽售壓力大，後市將繼續下跌。

(5) **股價下跌，成交量不變** —— 預期跌勢持續，未有反彈訊號，後市將繼續下跌。

(6) **股價下跌，成交量減少** —— 預期跌勢將放緩，沽售壓力減少，屬短期見底訊號。

(7) **股價橫行，成交量增加** —— 顯示好友、淡友實力相若，兩方爭持激烈，後市波幅預期擴大，或會出現突破性走勢。

(8) **股價橫行，成交量不變** —— 顯示好友、淡友實力均等，未見單方面壓倒情況出現，暫未有明顯後市方向訊號。

(9) **股價橫行，成交量減少** —— 顯示好、淡兩方已測試到平衡點，後市有機窄幅橫行。

成交量變化對走勢的影響

利好變化	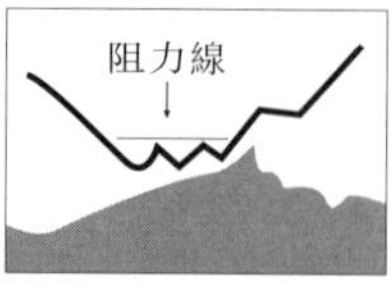 收集形態，利好後市，因股價三試低位不破，成交量卻不斷遞增。
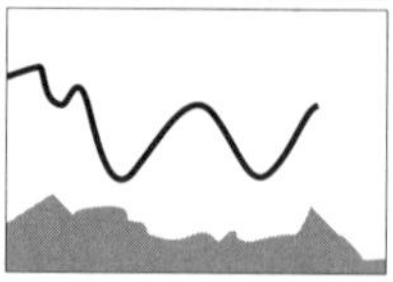	再試低位不破，下跌期間沽壓減少，反彈有大成交配合，利好後市。
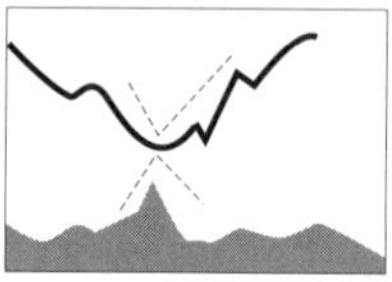	消耗性下跌，幾乎全數投資者恐慌性拋售所持股票；當拋售完畢，股價將出現技術性反彈，或見底回升。
逆轉變化	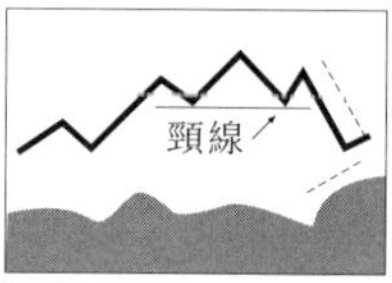 頭肩頂升勢逆轉形態，股價跌穿頸線後，下跌成交增加，利淡後市。
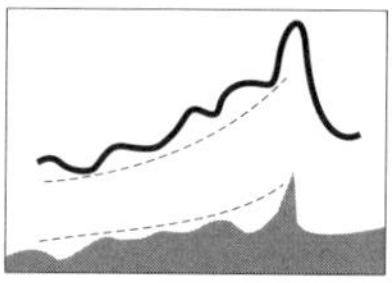	消耗性上升，當市場購買力耗盡，升勢隨時會逆轉。
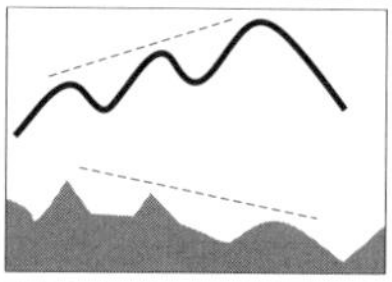	升勢與成交量背馳，股價每創新高，成交量卻遞減，亮起升勢逆轉警號。
利淡變化	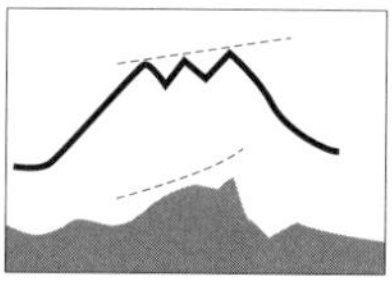 股價在高位微升，成交量卻大增，屬派貨形態，升勢隨時逆轉。
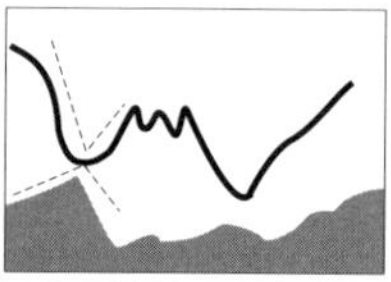	突發消息，拖累股價急跌，反彈期間成交有限，不利後市。
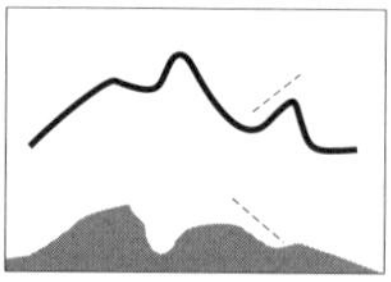	沽家仍未入市，屬反彈格局，料後市仍會向下尋底。

股價 ---- 趨勢 成交量（成交額）

上述成交量與股價變化，再配合技術及形態走勢分析，以及其他基本因素，將可較準確地預測後市走勢。

未平倉合約

Open Interest

未平倉合約總數是一個分析期貨市場的重要數據，特別是恆指期貨合約未平倉合約總數上升之時，人們會預期期貨市場將會有大波動。

期貨市場與現貨市場的關係是非常密切的。現貨市場會影響期貨市場的走勢；同樣地，期貨市場亦會影響現貨市場。特別是當期貨市場的未平倉合約總數上升之時，人們會預期現貨市場將會有大變動。以恆指期貨為例，幾次大跌市或大升市之前，恆指期貨未平倉合約總數都大幅上升。

怎樣才算是未平倉合約？讓我們以恆指期貨為例來説明。首先要知道，期貨是一項零和遊戲(zero-sum game)，勝方的盈利與敗方的虧損是相等的。如果甲方買入了一張期指，其實同時代表市場上乙方沽出了一張期指。如果兩人在即日不平倉，那麼當天的未平倉合約數目便為一張。雖然甲方買了一張合約，而乙方沽出了一張合約，但兩者的買賣只牽涉到一張合約罷了；為避免重

期指價位和未平倉合約張數關係

價位	未平倉合約	啟示	後市
↑	↑	好友開新倉	上升
↑	—	好友開新倉　淡友平舊倉	上升
↑	↓	淡友平舊倉	將見頂
↓	↑	淡友開新倉	下跌
↓	—	淡友開新倉　好友平舊倉	下跌
↓	↓	好友平舊倉	將見底
—	↑	好淡均開新倉	無指示
—	—	好淡按兵不動	無指示
—	↓	好淡均平舊倉	無指示

複計算，所以只算一張合約。而這一張未平倉合約，本身並無隱含甚麼意思，因為在會計上它只量度有多少張已成交而又未平倉的合約，合約可以是買方的，亦可以是賣方的。不過，期貨的出現，通常是作風險管理之用，特別是股票對沖，即買入股票、沽出期指；所以，一般分析，如果有大量期指未平倉合約出現，便會被視為股市下挫的先兆。

啤打系數

Beta Coefficient

啤打系數，是量度股票系統性風險(systematic risk)的指標，顯示該股受大市影響的程度。若應用在數學上，啤打系數的統計，是利用回歸分析來觀察兩種（或多種）互有聯繫事物之間互相變動的關係，以評估風險。

股海變幻無常，教人難以捉模。事實上，股票投資存在多項風險，包括系統風險及非系統風險。為防範於未然，透過股票價格變動的往績數據及市場歷史數據所計算出來的系統風險，可知該股波幅風險之高低。

假設恒指的啤打系數為 1 ，該股的啤打系數如高於 1 ，則持有該股風險將高於大市，因股價的波幅將較恒指的為高。該股的啤打系數如低於 1 ，則持有該股風險相對不高，因股價波幅的變動低於恒指。該股啤打系數如與 1 數值相近，則顯示該股風險與大市相若。

不過需知道，系統風險並非股票的所有風險，它只是與市場有關的部分風險。其餘風險，還包括外圍因素——政治風險、利率風險、管理風險、套現資產的流動性風險、行業風險等。至於啤打系數的計算方法是：

$$\beta_j = \frac{COVj,m}{\sigma^2 m}$$

β_j ＝啤打系數

效率市場假設

Efficient Market Hypothesis

效率市場假設，是Kendall在1953年驗證而得來的假設。其重要之處，在於推翻了過往股價的變化可反映股價的未來走勢這看法。換句話說，即往績股價並未能完全作為預測未來股價走勢的依據。原因是，股價變動是隨機性的（randomly），但這又不等於市場是沒有秩序。在效率市場假設中，將市場分為三類市場：弱式（weak form）、半強式（semi-strong form）及強式（strong form），而股價的隨機性則顯示出該市場屬於哪一類效率市場。

在弱式效率市場下，現股價已充分反映了過往市場價格變化及訊息，其中包括往績股價、成交量等資訊。由於資訊已全面公開，趨勢分析（trend analysis）將沒有任何用處，原因是一般的買賣訊號已被大眾所知悉，資訊所顯示的訊號將迅速反映在股價上，若單靠這些訊號去估計價格的走向，是很難得到理想的回報。

在半強式效率市場下，股價不單全面反映了過往市場價格變化及訊息，而且更反映了現在公開的市場資訊，其中包括公司業績、管理質素、財務報表等。換句話說，投資者欲藉上述公開資料獲利，將會很困難，原因是市場會迅速對有關資訊作出反應，股價將立即應聲上升或下跌。

在強式效率市場下，股價除了反映公開資訊外，更已反映有關的內幕消息，故此連內幕人士（insider）亦難以獲利，這屬於較為極端的假設。

以香港股市來說，它現時應歸類為半強式效率市場，單靠公開資訊未必可預測股價走勢，而內幕消息又並非立即反映在股價上，至少並不能確定內幕人士不能在市場獲利。香港股票市場的透明度雖然並非極高，股價有機會受人為因素左右，但投資者若能積極分析股票基本質素，仍有可能獲得理想回報。

神奇數字

Fibonacci Number

神奇數字，其作用在於預測未來走勢的升跌幅。若配合波浪理論，可以神奇數字計算出預期的升跌幅度；藉此，投資者可推測短線、中線或長線走勢的支持位或阻力位，及早趁低吸納或趁早沽出。

這套神奇數字組合系列（Fibonacci Number Sequence）是1、1、2、3、5、8、13、21、34、55、89、144、233、377、610、987、1597……，直至無限。

從上述數字看，系列由1、2、3開始，繼而產生無限數字系列；這與《道德經》第四十二章："道生一，一生二，二生三，三生萬物"所包含的道理不謀而合。由神奇數字演變出來的比率（即黃金比率，golden ratio），是0.236、0.382、0.5、0.618、0.764、1.618、2.618等，上述比率有助推斷未來高點或低點。

既謂神奇數字，上述數字自有神奇之處，其特點包括：

（1）任何一個數字均是其前兩個數字的和數，例如1+1=2；1+2=3；2+3=5；3+5=8；5+8=13；8+13=21；13+21=34等。

（2）任何兩個相隔的數字彼此順序相除或倒轉相除，所得數字分別接近0.382及2.618。

接近0.382比率，例如：8 ÷ 21=0.381；13 ÷ 34=0.382；21 ÷ 55=0.382等。

接近2.618比率，例如：21 ÷ 8=2.625；34 ÷ 13=2.615；55 ÷ 21=2.619等。

（3）除首四個數字（1、1、2、3）外，兩個相鄰數字彼此相除，所得數字分別接近0.618及1.618比率。

接近0.618比率，例如：5 ÷ 8=0.625；8 ÷ 13=0.615；13 ÷

21=0.619等。

接近1.618比率，例如：8 ÷ 5=1.6；13 ÷ 8=1.625；21 ÷ 13=1.615等。

以黃金比率去預測未來高位或低位的簡單方法，詳見下表：

以神奇數字估計浪的升、跌幅

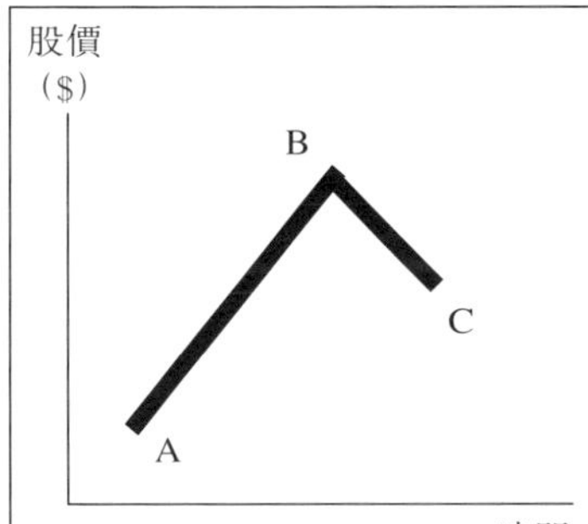

預期跌幅

當股價走到AB段，預期進入C浪調整，可將AB兩點垂直距離乘以黃金比率0.382或0.618，預測將跌目標。

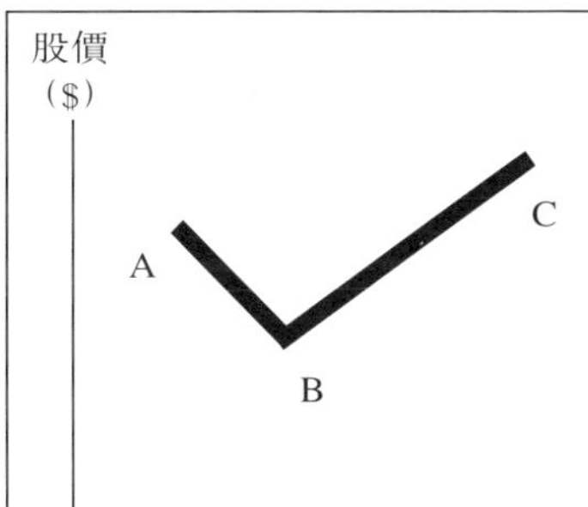

預期升幅

當股價走完AB段，進入C浪反彈，可將AB兩點垂直距離乘以黃金比率1.618或2.618，預測升幅目標。

波浪理論

Wave Theory

波浪理論，是艾略特（R.N. Elliott）在1938年在其首本著作《波浪理論》中提出，屬於一套有系統分析市場走勢的理論，適用於分析各項指數、股價的走勢。

艾略特認為，股價或是商品價格的波動，其實與大自然的波浪一樣，一浪接一浪，周而復始。只要捉摸到波動的規律性，將可根據這些規律性的波浪，去預測股市的未來走勢。

簡單而言，股價走勢是以一個波浪的循環形式進行，一個循環內分成八個基本浪、股價上升和下跌將互相交替進行。升市五浪運行期間，向上推動的 < 1 > 、< 3 > 及 < 5 > 浪屬於推動浪（impulse wave），向下調整的 <2> 及 <4> 浪，屬於修正浪（corrective wave）。<1> 浪的升勢為 <2> 浪修正，<3> 浪的升勢為 <4> 浪所修正。五浪運行後，隨之而來的將是 <a> 、 <b> 及 <c> 整組波浪修正，股市將反覆向下回落，八浪運行完畢，一個

五升三跌的循環波浪

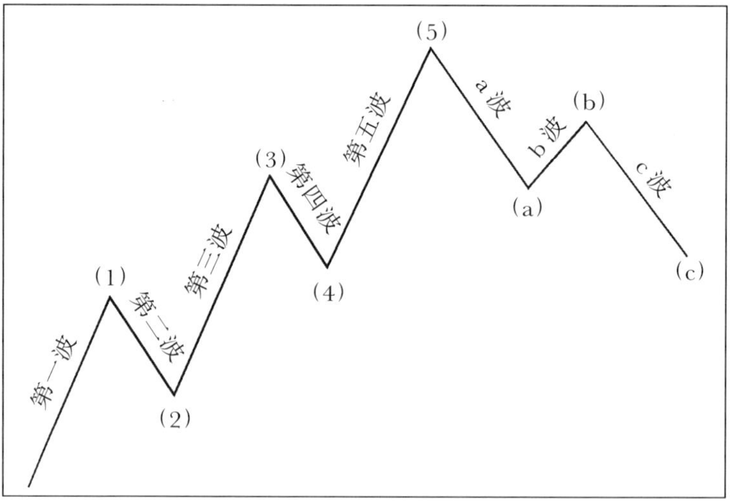

波浪走勢圖例

級次圖例

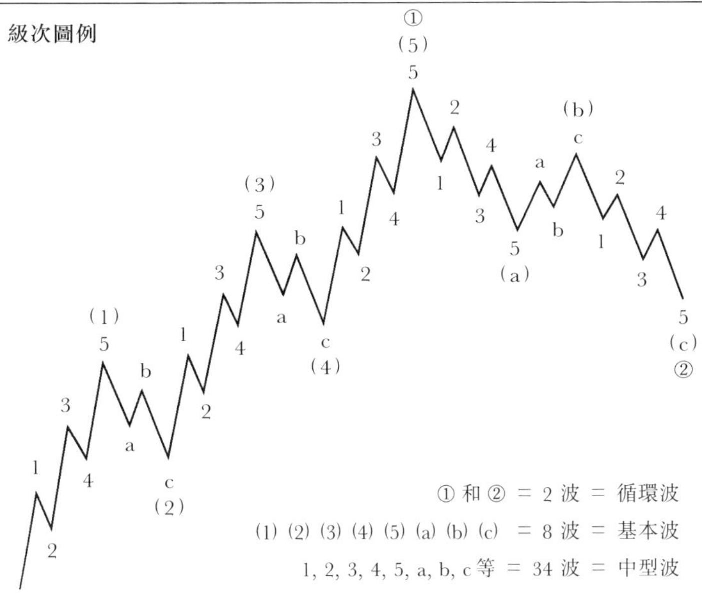

① 和 ② ＝ 2 波 ＝ 循環波

(1) (2) (3) (4) (5) (a) (b) (c) ＝ 8 波 ＝ 基本波

1, 2, 3, 4, 5, a, b, c 等 ＝ 34 波 ＝ 中型波

註：大浪均由小浪形成，可謂浪中有浪

級別標記

波動大小	與走勢相同的五波					與走勢相反的三波		
超大循環波	I	II	III	IV	V	Ⓐ	Ⓑ	Ⓒ
大循環波	(I)	(II)	(III)	(IV)	(V)	(A)	(B)	(C)
循環波	I	II	III	IV	V	A	B	C
基本波	①	②	③	④	⑤	ⓐ	ⓑ	ⓒ
中型波	(1)	(2)	(3)	(4)	(5)	(a)	(b)	(c)
小型波	1	2	3	4	5	A	B	C
細波	i	ii	iii	iv	v	a	b	c
微波	1	2	3	4	5	a	b	c

完整的基本波浪便完成。

若將股市周期的波浪按級別細分，需利用多類波浪級別的標記及周期去分析，這便需參考有關的書籍。

如要準確預測後市走勢，數浪規律必須嚴守，規則包括：

(1) 五浪循環中，三浪屬爆發性上升浪，該段升勢應為三個推動浪中最長的，因投資者信心高漲，以致出現這延長波浪。

(2) 第<4>浪低位，不可較第<1>浪頂位為低，即第<1>浪與第<4>浪不可重疊。

(3) 第<2>浪與第<4>浪需以不同姿態出現。如第<2>浪以橫向修正，第<4>浪則需簡單利落地向下修正。

(4) 第<4>浪有很大機會會在低一級的第<4>浪範圍內完成；如熊市期間，有機會在對上的第<4>浪範圍內結束。

道氏理論

Dow Theory

道氏理論，是假設大部分股票均隨基本趨勢而行，從而探討股市正處在哪個趨勢。根據道氏理論，股價趨勢可劃分為基本趨勢、次級趨勢（或中期趨勢）及短期趨勢，一旦確定趨勢，除非受到外來因素破壞，不然股價或指數趨勢將持續，期內投資者或投機者應順勢而為。

基本趨勢，屬主要趨勢，通常持續一年或以上，大部分股票將全面上升或下跌，升跌幅度一般超過20%。期內，若每次高點較上一點為高，成一浪高於一浪格局，將可稱為牛市；反之，若每次低點均較上一個低點為低，成一浪低於一浪格局，將可稱為熊市。

基本趨勢中，牛市大致可分成三期；(1) 買貨期，普遍氣氛薄弱，但投資機會開始萌生，市況正轉危為機。(2) 活躍期，期內成交及氣氛趨穩，技術派投資者希望能賺取豐厚利潤；(3) 人心沸騰期，期內投機氣氛高漲，達至"雞犬皆升"、"全民皆股"的地步，市況開始轉機為危。

若是熊市，也可分三期：(1) 出貨期，此期實際與牛市第三階段（人心沸騰期）重疊，股價升幅過巨，脫離基本因素，部分精明投資者或莊家開始派貨；即使股價反彈，卻難獲大成交配合升勢。(2) 恐慌期，期內投資者急於極快將持股沽出，在缺乏買盤下，股價跌幅可以出乎意料之外；恐慌沽售後，大市普遍長期橫行或出現次級反彈。(3) 大規模拋售期，期內市場氣氛極差，令缺乏信心者全面清貨，連優質股亦難倖免，但下跌趨勢卻未有加速，熊市將在壞消息出盡時結束。

次級趨勢，與基本趨勢正反方向而行，持續時間通常超過二個星期，升幅或跌幅為基本趨勢的三分之一或三分之二。若處跌市，次級趨勢主要修正基本趨勢，調整期內投機者將趁反彈，積極買賣。

短期趨勢，僅反映股價短期變化，普遍不超過六天，修正趨勢主要由三個或以上的短期趨組成。由於變化不定，較難捉摸機會。

若論道氏理論的缺點，則是投資者無法確定基本趨勢（牛市或熊市）將會上升或下跌至哪一個水平。另外，由於該理論較注重長期趨勢，對中期趨勢較為忽略，故並未能對投資者選股有太大幫助。

道氏理論趨勢圖例

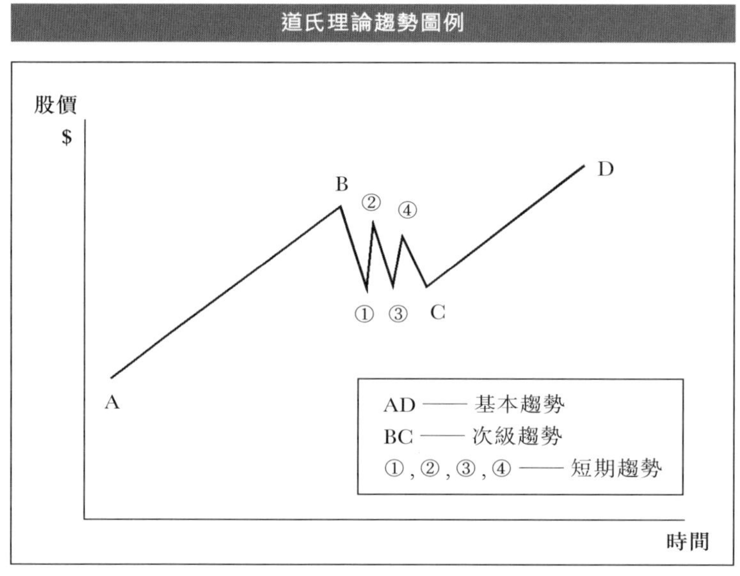

循環理論

Cyclical Theory

循環理論，認為歷史經過一段時間後便會重演，同樣股市亦有周期，只要掌握起跌的周期，將可預測後市的走勢。現在所見的循環理論不勝枚舉，主要有以下幾種：

(1) 伯恩斯坦循環理論

這理論由伯恩斯坦（Jake Bernstein）所創，側重分析時間，以觀察市勢的發展，藉着量度周期類別、形狀及長短，掌握周期的升跌。

以周期長短分類，可分為：

(i) 長期周期：循環周期平均超過一年。

(ii) 中期周期：平均為六個月至一年，以星期作量度單位。

(iii) 短期周期：平均不超過三個月，以日數為量度單位。

(iv) 季節性周期：部分商品期貨如農作物，受季節性收成期或乾旱期影響，以致價格常在個別月份出現高、低位。

以形狀分類，周期可分為：

(i) 對稱周期：每個循環相距時間相近，長短亦一致。

(ii) 不規則周期：每個周期時間相距接近，但期內波動幅度並非一樣。

至於伯恩斯坦循環周期的特性，包括：

(a) 長短差不多及重複出現次數較多的周期，普遍可信性較高。

(b) 周期的重複，並非與上一個周期相同，但傾向集中在若干長度。

(c) 各類物品的長期周期可如波浪理論般加以劃分，即可分割成數個次級較短周期。

(d) 同類或性質相近的商品期貨，普遍擁有類似的周期長度。

綜合而言，這套理論的優點在於僅需分析歷史數據，即可直接、簡單地推測未來走勢，但缺點是未能全面及理性地去作分析。

(2) 十年周期循環理論

十年周期循環理論，強調股票的長期周期走勢是每十年重複一次。只要按每年最後一個交易日的收市價，即可推測未來走勢。

十年周期之所以持續出現，有部分經濟學家認為這現象與太

港股十年周期走勢小統計

年份	次數		走勢	備註
	上升	下跌		
1字年份	2	1	不明朗	
2字年份	2	1	升市多	與美股相若
3字年份	2	1	升市多	與美股不同
4字年份	1	2	不明朗	
5字年份	3	0	升市多	與美股相若
6字年份	3	1	升市多	與美股相若
7字年份	0	4	跌市多	與美股相若，應驗多為股災。
8字年份	3	1	升市多	與美股相若
9字年份	3	0	升市多	與美股相若
0字年份	3	0	升市多	與美股不同。
總數	22	11		

註：以1965～1998年間三十四年恆生指數資料統計。

陽黑子有關，因太陽黑子影響地球氣候及經濟，例如黑子散發較多能量，地球氣候良好，農作物豐收就會有利經濟及股市，相反則一切逆然。姑勿論十年周期的可靠性怎樣，單從美股及港股的走勢統計看，股市的升跌韻律，常在既定模式中，投資者不妨多加參考。

(3) 月份周期循環理論

月份周期循環理論，強調股市走勢有既定形態，在十二個月內，每月股市走勢均有其升跌韻律。換句話說，往績月份走勢，是具有一定的參考價值。

隨機走勢理論

Random Walk Theory

隨機走勢理論，或隨機走勢假設（Random Walk Hypothesis），與圖表派強調歷史走勢不斷循環的看法正好相反。此理論強調，市場買家及賣家在資料公開下同樣精明，彼此交易的價格確切反映了股票實質的價格，而股價的變動是隨機性的。既然無跡可循，股價不會有系統地變動，那麼即使以擲飛鏢方法選股，所得回報率亦有機會較整體大市表現為佳。

隨機理論是假設市場資料均已公開，每個投資者都懂得分析。因此，股票現價已反映供求關係，凡屬不合理價格，便無人肯沽出或買入，這使現價較內在值距離不遠。所謂內在值，是以市盈率、息率、每股淨值等因素去衡量。

對該理論來說，股價波動一般並無跡可尋。至於從股價變動作分析，該理論有以下看法：

（1）基本分析人士很多時是隨着一些政治、經濟消息的公佈，才將有關股份的內在值重估，從而令股價產生變動。然而，這些政治、經濟消息均是隨意的，並非固定出現。既然這些消息屬於突發性的，所以股票的未來走勢很難從歷史走勢中推知，因此圖表派的看法是不成立的。

（2）股票現價既已反映基本價值，而這合理價是由買賣雙方決定的，所以除非突發性消息傳出，如加息、減息、收購、合併、戰爭、石油戰等利好或利淡因素出現，股價才會波動。不過，好淡消息傳出的時間難料，即使股價今天上升，亦難保明天不會回落。

（3）股價升跌既是隨機的，無可依循，則專家之說不足信，他們企圖以股價波動去分析走勢，實際上是毫無作用。

相反理論

Contrarian Theory

相反理論，其重點在於認為投資買賣的決定是視乎羣眾的舉動。其理論是：在股票市場中，當所有人都看淡的時候，即顯示熊市將盡，宜買入股票；相反，當所有人都看好後市，即顯示牛市將盡，宜沽貨離場。只要抱着與羣眾相反的意見，將會經常有獲利機會。

相反理論的主要思想如下：

(1) 相反理論會考慮看好或看淡比例的趨勢如何，才會決定買賣策略，並非僅憑大部分人看好或看淡舉動而買賣。

(2) 相反理論並非指羣眾舉動是錯誤的，反之該理論認為羣眾在預測主要趨勢上較能測中後市。惟當所有人思想一致，以致供求關係失控，此時便將會犯錯。

(3) 相反理論，對市場的看法，與市場行情趨勢相反。該理論認為，凡所有人看好後市，市況會一片興旺，但當後市升勢不繼，購買力消耗之後，牛市將盡，市況便會轉為熊市。同樣，凡所有人賤價沽貨，市況會大吹淡風，但當沽售力量傾力而出後，熊市將盡，牛市隨之而來。

(4) 從大眾傳媒可知市場的情緒是看好還是看淡，因大眾傳媒的營運策略採取羣眾路線，其中正反映了大眾的意見，例如當電視、報章、雜誌等大眾傳媒大事報道，不少股民決定辭職以全身投入股海，或是銀行股票部限制每人僅准按三隻股的編號等，便可知市場情緒已極瘋狂，顯示牛市將盡。相反，若傳媒廣泛報道企業盈利倒退、外資撤離本地市場、外圍情況仍未穩定等，反顯示熊市將盡，牛市將至。

亞當理論

Adam's Theory

根據亞當理論，沒有任何技術分析工具可以絕對預測後市趨向，因每套分析工具均有缺點；既然市況並不能推測，如要賺錢，惟有順勢而行，因市勢可升完再升，或跌完再跌。只有順勢而行，方能將投資風險減至最小。上述理論，實際上與相反理論所持理據大相逕庭。

此學說的創立人是韋特（J.W. Wilder），他在七十年代以數學基礎創立多種技術分析系統，如相對強弱指數（Relative Strength Index）、動力指標（Momentum Concept）、搖動指標（Swing Index）、拋物線（Parabolic）、短線買賣系統（Reaction Trend System）、波幅率（Volatility）等。以上測市工具，至今仍被投資者廣泛應用，其中相對強弱指數更極受歡迎。韋特在技術方面這樣權威，可是卻在八十年代創出亞當理論，主張順勢而行，無招勝有招，置各種技術指標不顧，這實在是很大的轉變。

順勢而行，是亞當理論的核心思想。在應用時，有一些原則需注意，並不是單單盲目順勢而已。這些原則包括：

（1）順勢者昌，逆勢者亡，宜順勢買賣。

（2）切勿過分倚賴技術分析工具，因這些工具亦有其缺點。

（3）任何人或測市工具都有機會出錯。看錯市應早投降，不要與市勢爭拗。

（4）買賣前，應先訂止蝕盤；既定的止蝕盤不應隨意更改。

（5）不應將投資的注碼全數投入一次買賣中；否則，一旦看錯市勢，便無翻身之日。同時，每次（或每天）買賣損失不應超過本金百分之十以上。

（6）買賣若未能得心應手，應立即停止買賣。

(7) 不應企圖預測市勢頂位或底位，只有順勢而為，投資風險才能減至最小。

(8) 必須摒棄一切系統性的買賣系統，如均價買入法、金字塔或倒轉金字塔買賣系統等。

(9) 知己知彼，百戰百勝。

市場術語

手／球

Lot Size / Million Share

“手”及“球”，均是買賣股數的單位術語。“手”即每次買賣的最起碼股數，而各股票的每手單位並非一致；“球”即一百萬股。

向經紀落盤，一般以每手股數作計算。例如：投資者若有意買入1,000股恒生銀行（0011），以該股每手為100股計，等於買入十手。至於匯豐銀行（0005），每手為400股，買入十手，則等於買入4,000股匯豐銀行。

投資者買賣股票，股數切記要以每手作計算，因為如果股數不足一手，均被視為碎股，而碎股一般是需以低於沽出叫價沽出；換句話說，投資者所收的金額將會減少。因此，每次買賣應以足“手”股數進行，以避免不必要的損失。

至於以“球”為單位向經紀落盤，應切記每“球”是指一百萬股，而非一百萬元的投資金額。例如買入價值一百萬元的匯豐銀行，所需購入的匯豐銀行股數大約是10,000股（假設匯豐每股現價為100元），但若錯謂購入一“球”匯豐銀行，則估計需動用的金額會數以億計。

每手股數金額計算表例

	匯豐控股 (0005)	**東亞銀行** (0023)	**合和實業** (0054)	**粵海投資** (0270)
股價（假設）	$ 96	$ 17.15	$ 5.45	$ 1.51
每手股數（實際）	400	200	1,000	2,000
每手股數金額 （股價×每手股數）	$ 38,400	$ 3,430	$ 5,450	$ 3,020

高水／低水

Premium / Discount

高水，又稱升水，通常是指期貨價格高於現貨價格。以期指（即恆指期貨）為例，如果期指高於恆指（即恆生指數），便稱為期指高水。如果期指出現高水，一般會認為是後市向好的指標，因為期貨市場的投資者願意以較現貨市場為高的價格去購買期指，表示投資者對後市有信心。

低水，又稱貼水，是指期貨價格低於現貨價格。以恆指期貨為例，假如恆指高於期指，這種情況就可稱為期指低水或貼水。需知道，期指是一種特別產品，它是現在決定價格，而在將來合約到期之日（即每月月底結算日）才作結算。在結算日當天，期貨價格應該等於現貨價格，即期指應等於恆指，因此期指的現價根本是對未來到期日恆指收市價的一個估算值。所以，若遇上期指低水的情況，即代表投資者估計未來恆指會下跌，後市向淡。

拋空（沽空）

Short Sale

拋空與沽空，通常應用於股市投資，很少用在期貨或期權等衍生工具。例如投資者看淡後市，可以沽出期指合約，等待恒指下跌時獲利。我們稱之為「沽期指」，很少說成「拋空期指」或「沽空期指」；若看淡後市，除了沽期指外，還可拋空（或沽空）股票。

拋空股票的運作，是以較高的市場價格沽出股票，而投資者本身是沒有股票的；如果他有股票在手而沽出股票，就不叫拋空。在拋空股票之後，股價若下跌，他便可以較低價買回股票平倉獲利；反之，便要以較高價錢買貨平倉。

在香港要拋空股票需預先安排，如果沒有股票在手而胡亂拋空，即違反證監會的沽空條例，是違法的。正確拋空要付息向經紀行借貨，利息則由雙方自行釐定。而拋空者最少要付出拋空股票市值105%的按金作抵押。由於拋空股票手續既繁複，成本亦不少，故不是太普遍。

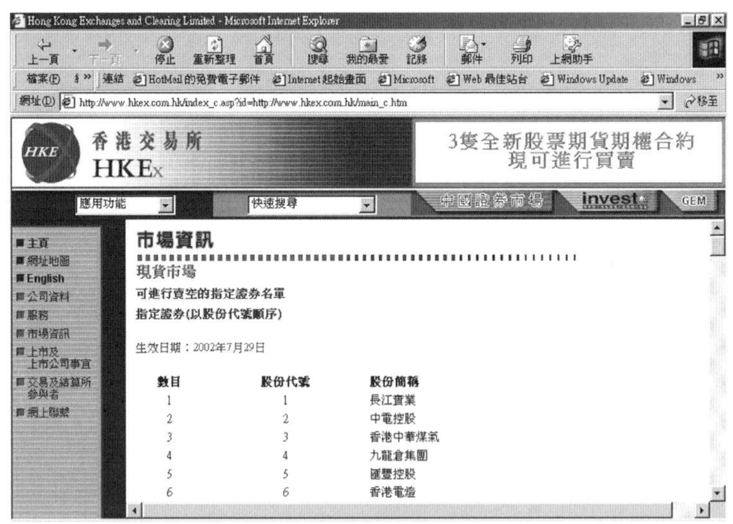

註：在聯交所網頁（http://www.hkex.com.hk/markets/secshortsell/stkcdorder_c.htm/），可查看可沽空股份的最新名單。

套戥

Arbitrage

經濟學上有一個理論，名為“同一價格理論”（Law of one price）。一件商品在不同地方的售價，扣除了交易費用之後，應該是相同，否則套戥活動便會出現。

所謂套戥，是指同時買及賣某一種商品，所持的買賣策略是低價買入而高價賣出，以套取差價權利。例如有一件商品在地方A的賣價是10元，而在地方B的賣價為9元，假設交易費用為零，那麼套戥的機會便出現。因為地方A及地方B的同一件商品售價不一，套戥者便會利用低買高賣的策略，在地方B以9元買入該件商品而在地方A以10元沽出，那麼一來一回便能賺取1元。

在上例中，套戥者同時買入（持好倉）及賣出（持淡倉）某商品，因此他的倉位為零。正因為在兩個地方該種商品的賣價不一樣，所以套戥者便有利可圖，以低價購入，高價賣出。加上買與賣同時進行，因此套戥者的風險是有限的。

即日鮮

Day Trading

"即日鮮"是指一種即日來回買賣的交易，所買賣的商品可以是股票或期貨，屬於投機的一種方法。

以股票為例，香港股票市場的交收制度是T＋2。所謂T＋2，是指買賣進行當天為T，而交收日期是買賣當天（T）再加兩個工作天。例如在星期一買入股票，而假設跟着並沒有公眾假期，那麼星期一加兩天便是星期三，星期三便是星期一股票買賣的交收日期。

所謂交收(settlement)，是指買賣雙方一手交錢，另外一手交貨(股票)。當這個買賣程序完成後，便貨銀兩訖，買方就收到應得的股票，而賣方亦收到應得的金錢。

香港的T＋2交易系統已沿用多年，原意是給予買賣雙方的股票經紀行有充足時間去核實交易，以及作出金錢上的調撥。正因為在作出股票交易之後兩天才交收，有些經紀行會給予其客戶一些安排，就是在買入股票後而未到交收日T＋2之前，如果客戶把其購入的股票沽出，基本上是不用付錢（假如購入價是低於賣出價）；如果購入價是高於賣出價的話，也只需付出相差額給予經紀行。如果股票一買一賣在同日進行的話，就稱為"即日鮮"。因為真正的金錢流量，只限股票買入價和賣出價的相差，所以同一筆金錢便可操控更大的資產，這等於變相槓桿投資。股票買賣原屬長線，"即日鮮"這種買賣方法有違股票投資的原意，因此屬投機，與賭博並無分別。

篤手指

“篤手指”，意即投資者以若干本金買入高於本金金額的股票。若投資者“篤手指”，他們所買的股票金額已超出其財政負擔的範圍，所以他們無法持倉太久，必須在即日或T＋2交易日內，將股票沽出，以付出或收取買賣的差額。

“篤手指”屬於難度極高的買賣方式，因投資者需在即日或T＋2交易日內將股票沽出，假若他們估計錯誤，該股在時限內大跌，投資者亦要忍痛平倉，繳付其中的差額，可能會虧蝕極大。當然，若投資者看得準，所賺的利潤也非常吸引；不過，股市變化往往在預測範圍以外，若看錯市況走勢，“篤手指”只會令自己在短時間虧蝕巨大。因此，投資者投資股票，還是以實質買賣較好，至少在市況逆轉時，亦有可能轉作持久戰。

同時，需說明的是，並非所有投資者都有條件“篤手指”。若要“篤手指”，一般需有以下條件：（1）投資者需與經紀的交情不淺，而且買賣次數頻繁，過往交易紀錄良好，個別經紀才會容許投資者“篤手指”。不過，投資者亦必須在即日或T＋2交易日內沽出股票，以及在虧蝕時有能力補足差額。（2）投資者需在經紀行內以孖展形式買賣，因為若以現金戶口買賣，每次買賣即使在T＋2交易日內完成，投資者亦需先存入所買股票的金額；而沽出股票後，又需待T＋2交易日後，始能收回本金，這樣對“篤手指”的投資者限制太大，不利他們速買速賣。

換馬

Switching

換馬，是指投資者沽出所持有股票，趁機將資金投資在另一目標股票上。

凡所持有的股票升勢將盡或放緩，精明的投資者都會把握時機，趁高將股票沽出套現，再將資金投入另一目標股票上。若眼光準繩，該投資者可在每一目標股票的升浪中，賺取可觀回報。另一方面，若所持有的股票盈利質素轉差，或受其他利淡因素影響表現，投資者亦可盡快將股票沽出(止賺或止蝕)，再將資金換馬至另一股票身上。

股票有升有跌，若看準機會，持續換馬，有利加速並增加投資者的回報，提高利潤。不過，若不幸大市牛皮，或處於熊市，持續換馬除了損失基本交易費用外，還可能令虧蝕金額增加。因此，遇上上述市況時，投資者還是持有現金為上。

個別散戶換馬，對大市不會有太大影響。但若基金大行或大證券行換馬，卻會對被沽售的股票帶來龐大沽壓，小股民若走避不及，便可能受股價下跌拖累。有見及此，如基金大行或大證券行有換馬之舉，投資者便要留意；若非對該股信心很大，投資者還是先把股票沽出較好。

撈底

股票有升有跌，個別股票超買或超賣情況時有出現，若個別股票的股價出現超賣情況，即是其股價較近期高位已有大幅調整，甚至低於合理價值，低殘的價格將吸引投資者趁低吸納。上述情況，市場俗稱“撈底”。

撈底在以下兩種情形下較易發生：(1) 投資者自感對個別股份走勢很有認識，認為該股在某個水平將有支持；若該股真的不跌穿支持位，而其他技術指標及形態走勢均呈見底反彈或買入訊號，該投資者就會依計劃趁低買入該股(即撈底)。(2) 很多時，投資者已持有該股，可惜股價掉頭下跌。但當該股跌至某水平喘定，部分投資者為拉低入市平均價，於是會在低位增持該股，作出撈底之舉。

然而，“扒逆水”並非易事。撈底其實是難度很高的投資策略，因為個別股票超賣過後，可以再超賣，若市況突然逆轉，或該股份盈利能力惡化，股價可能會持續下跌。因此，建議投資者撈底前要三思。就算真要撈底，為減輕風險，趁低買入的股票最好是實質買賣，不要以孖展形式進行交易，否則遇上股海惡浪，便可能沒頂。

轉倉

“倉”一字的英文是“Position”，或譯作“盤”。而做倉有兩個基本策略：就是看好後市之時，做好倉；看淡後市之時，便做淡倉。而期貨市場，就給予投資者一個做好倉或淡倉的機會。例如投資者看好後市，他可以購入恆生指數期貨，亦即做好倉。如果恆生指數上升之時，他便能獲利。同樣地，如果投資者認為恆生指數將會下跌，他可以沽空恆生指數期貨，亦即做淡倉。

期貨與股票最大分別，是期貨有桿槓作用，以少許資金便能操控相同數量的股票。但是期貨是一個零和遊戲（zero-sum game），有人做期指好倉，亦會有人做期指淡倉，有買賣兩方，期指合約才能成交。而買賣雙方的勝負，便要看結算日的恆指期貨的收市價。期貨是有期限的，在期限到期當日，即結算日，期貨持倉者必須平倉。如果投資者覺得自己所持的倉是正確的，例如他在八月做期指淡倉，繼而覺得九月份恆生指數在九月也是向淡居多；這樣，他可以把八月份的期指合約平掉，然後再做九月期指淡倉，以賺盡預期九月恆指跌幅，這種把期指續期的做法，就叫做轉倉。

長倉

Long Position

長倉，即持貨買入策略，至於所持是何種貨品，並沒有特別規定，買入者可以是期指、期權等。不過，一般而言，市場較少以"長倉"二字應用在股票方面，因"買入"、"沽出"、"拋空"這三類行動，已清楚界定投資者所採取的是甚麼策略。

單看"長倉"二字，似是看好後市的意思，事實上卻不可一概而論。

以期指市場為例，投資者只可買入或沽出期指。換句說話，採用長倉策略，等於買入期指，單頭持貨即看好後市。反之，短倉（short position）則等於沽出期指，單頭沽貨即看淡後市。

不過，如果應用在期權市場，長倉或短倉並沒有明確表示投資者對後市的看法，因期權市場既有認購期權，亦有認沽期權，投資策略可以有多種。簡單而言，買入認購期權，這長倉策略屬看好後市的做法；反之沽出認沽期權，這短倉策略實際上亦是看好後市的投資做法，而非看淡後市。至於僅沽出認購期權，這短倉策略則是看淡後市之舉；僅買入認沽期權，這長倉策略亦屬看淡後市的做法。

射倉

射倉，即將部分或全數股票轉往其他證券行已開設的戶口。若非市況混亂，證券行一般可在即日完成射倉，手續費則因不同證券行而有異，沒有劃一準則。

射倉原因，一般有二：

一是投資者沿用的經紀另謀高就，轉往其他證券行工作，如客戶同意，該經紀會代客戶將股票“射”往即將任職的證券行。一般來說，經紀為免客戶流失，多會游說客戶隨他們射倉，部分更願意為交易較密切的客戶代付射倉的手續費用。至於客戶方面，同意與否，應視乎該經紀的操守和效率，以及新證券行的規模、聲譽、經營業績等。

二是當所交易的證券行出現財政問題及經營困難，為免該證券行因缺乏資金而監守自盜，盜用客戶股票向銀行抵押貸款，投資者宜及早將股票射往銀行的股票買賣部門或其他相熟的證券行。對於孖展客戶來說，若遇上述情況時，射倉更是刻不容緩，因孖展戶口的保障有限，監管亦不足，加上股票普遍以證券行名義存於財務公司(因方便向銀行貸入資金予孖展客戶)，投資者變成並非股票的持有人，為此孖展客戶須特別小心。

補倉／平倉

補倉，是指孖展客戶的持倉市值不足以維持孖展水平，須即時額外存現金入孖展戶口，以維持按金要求。

平倉，即停止持倉，買入期指或期權者將持倉沽出。

甚麼情況下才要補倉？試以下例解釋：假設在股票市場上，投資者持有10萬元藍籌股，可按50%孖展，即投資者最多能額外買入5萬元股票；如投資者動用全數孖展，其股票總市值將增至15萬元。但當藍籌股的市值下跌至8萬元，而額外買入股票市值不變，投資者的持倉市值便最多只維持12萬元，較他買入的持倉成本金額低了3萬元。為維持15萬元持倉成本金額，投資者須即時補倉，存3萬元入孖展戶口，否則投資者需自行將3萬元市值的額外股票斬倉（或由經紀行替他斬倉），這樣他就會損失3萬元。從以上可見，炒孖展並非易事，投資者應量力而為。

至於期指市場，又在甚麼情況下才要"補倉"？試以下例說明。買期指需要按金，假設按金為8萬元，投資者在8,000點水平買入期指。若期指驟跌500點，以每點50元計，投資者當天便虧損了25,000元；為了繼續持倉，投資者需補倉25,000元。但若期指當天驟跌800點，跌穿500點波幅的上下限，投資者又未能及時補倉，經紀有權為投資者斬倉，將期指平倉。平倉後，扣除虧損，才會把餘下的按金退還投資者。

斬倉

Stop Loss

斬倉，即貸款者在借款人無法履行諾言額外存入資金去維持按金要求時，將借款人的抵押品(如股票)即時在市場沽售套現。

在股票市場，孖展客戶為得到貸款備用，在開戶時都會簽署一份動用股票授權書給經紀行，容許經紀行動用其持倉股票向銀行貸取資金，然後再把資金借給他們作孖展額。在角色上，經紀行屬貸款者，孖展客戶則是借款人。假如孖展客戶的持倉股票(即抵押品)有100萬元，可動用孖展為五成，即孖展額可達50萬元。若全數孖展額均用盡，額外以孖展形式購入的股票將達50萬元，而投資組合的買入值將可達150萬元。假設市況逆轉，持倉股票（即抵押品）下跌至80萬元，投資組合的總值亦會跌至120萬元。由於此時持倉股票總額最多只可動用40萬元孖展額(同樣以五成孖展額計)，若孖展客戶不即時存入30萬元去維持原本組合的價值，經紀行將有權即時為客戶斬倉，把以孖展形式購入的股票沽出，而沽出股數值至少為30萬元。斬倉過後，經紀將向客戶交代沽出股數，另追收買賣差額（即實質虧損）或繳付買賣差額(即實質利潤)。

斬倉，固然並非好事，至少客戶的投資計劃會失去預算。所以，精明的投資者動用孖展買賣時，均每日清楚計算抵押品及投資組合價值的變化。即使真的遇上市況逆轉，他們也寧願自行減持股票，自己執行斬倉。

個人減持股票，並不足以左右股份走勢，但如果集體斬倉，則對股份走勢有很大影響。集體斬倉的情況，包括個別股票銳跌而使經紀行大量沽出、個別主要莊家因資金緊絀而沽出持倉股票、停牌極久的股票在復牌之日遭拋售等。若遇上上述情況，投資者須小心應付。

挾倉

Cornering the Market

挾倉，指莊家用龐大的買盤去擊潰沽家或沽空者的氣勢，從而不讓有關股份的升勢受阻，這就稱之為挾倉。

挾倉的出現，通常在市況一面倒的時間出現。以恆指期貨為例，如果市場情緒氣氛惡劣，沽家多過買家，期指自然下挫，但當期指到某一低位時，買盤便自然湧現。買盤可以分為兩類：第一類為買方見期指價格過低，超賣得太厲害，所以趁低吸納，造成指數上升；第二類買盤則為斬倉盤或平倉盤，恆指期貨沽家見勢色不對，指數從低位回升，為免有所虧蝕或盈利減少，於是紛紛平倉或斬倉。這種在期指低位因大量買盤湧現導致期指淡倉紛紛斬倉或平倉、使期指價格大幅上升的情況，便稱為挾倉。

另外，在股市裏，當股票仍未升至其目標價，以及莊家未將股票派發前，莊家在適當情況下，是會加碼買入，以維持該股的強勢形象，逼令沽空者須以高價回購已沽出的股數，並促使沽家及早取消已掛出的沽盤。結果，股價自然由下降轉為上升，這種由莊家發動，用大量買盤扭轉股價的跌勢，逼令股票沽空者平倉或斬倉，亦稱為挾倉。

震倉

震倉是莊家常用的買賣手法之一。莊家要將一隻二、三線股份，由低位炒上高位，是需要一段時間的。如果炒賣期間，股價只有上升而沒有下降，一般散戶便會知悉，從而跟着追買。因此，莊家在操控股價時，便要盡量使股價按照市場規律，在升市時或好消息之時上升，在跌市時或壞消息時下跌，小投資者才不會知悉而跟風買賣。不過，若股價上升之時，幅度大些；在股價下跌時，跌幅小些，莊家便能累積股價升幅。

一般莊家會在低位時收集，直至股票的市場流通量收緊，大部分股份落在他們手上時，他們才會發難，把股價挾高，造成人為升幅，吸引散戶跟入買貨，然後派發。當莊家正在收集股份之時，最常見的手法便是震倉。通常莊家在收集股份之時，股價只會窄幅波動。當莊家收集了股份一段時間之後，為了進一步推高股價，阻止散戶跟進，便會在短時間之內大幅回吐股份，令到股價急劇下挫。莊家製造人為的恐慌，把散戶的股份震出來，然後在低位吸納，繼而收緊貨源，為未來進一步推高股價及進行派發作準備。又或者，當莊家未吸納足夠貨源的時候，有散戶聞風吸納，把股價推高。為了達至低位吸納股票的目的，莊家便會把手上股票沽出，把散戶手上的股票“震”出來，再在低位吸納股票。

老鼠倉

Rat Trading

老鼠倉是指無良經紀對客戶不忠的"食價"做法。例如經紀接受了客戶的一個買盤委託，要求在5元買入某股。一個負責的經紀，應該第一時間替客人進行買賣。但是一些無良經紀，如果覺得大市向下，該股股價將會下跌，便會故意拖延落盤時間，待該股跌至5元以下時（例如4.8元），才以其本人或親人的名義買入相同股數。

本來，客戶的買盤委託是以5元進行交易，但該股市價因市況下滑而跌至5元以下，如以市價盤買賣，客戶的買入價應較落盤時的5元為低。但因為無良經紀並沒有第一時間替客戶進行買賣，反而待股價回落之時，向市場買入相同數量的股份，然後以較高的價格，轉讓給其客戶，於是他便可從中獲取差價，此謂之"食價"。究竟無良經紀會怎樣在股價下跌時以較高價格沽出股票給客戶？一般來説，無良經紀會以交叉盤形式上板，以5元的價格全部轉賣給客戶，因為交易在同一天進行，所以他可以不動分毫就能從中賺取差價。

如果無良經紀錯誤預測股價走勢，結果股價升至5.2元，無良經紀又會怎樣做呢？他可以對客戶説買不到股票；或者，如果客戶是以市價盤落盤的話，無良經紀大可以用高於5元的價錢買入股票，結果損失的是客戶。

不過，由於自動對盤系統已日漸普及，加上證監會對利用"老鼠倉"從中取利的經紀予以紀律處分，這種劣行已較前大為減少。

莊家

Market Maker

莊家的英文是"Market Maker"，即市場製造者，本身並無貶意。然而，在股票市場裏，莊家往往給人的印象是操控市場或製造虛假市場以欺騙小投資者金錢的"壞人"。

其實，在香港的金融市場之內，也有莊家的存在，而且亦為金融市場帶來好處。例如，香港的股票期權市場及恆指期權市場，就有莊家制度的設立。莊家每天負責開出買入和賣出價，為市場帶來流動性(liquidity)。股票期權及恆生指數期權是屬於較新的投資工具，通常新的投資工具，起初交易時面對最大困難是交投量不足。如果成交量不足，投資者想買又買不到、想沽出時又沽不到的話，投資者便會對這類投資產品缺乏興趣，最後產品會因缺乏投資者支持而在市場消失。莊家的出現，為市場上帶來流動性，增加產品的交投量。而莊家所獲取的利益便為買入賣出的差價。

至於香港的股票市場交易，由於是以自動對盤系統買賣，所以並沒有莊家制度，但市場內仍有莊家。在一般人心目之中，股票市場的莊家是指那些製造虛假市場的人士。這些莊家通常會就單一股份頻繁地買賣，並且擁有內幕"貼士"，甚至知悉個別公司近況，因此往往能在公司公佈好消息前買入股票，或公佈壞消息之前沽出股票；另外，有些莊家更會刻意放出虛假消息，欺騙小投資者吸納股票，然後高價出貨。這類莊家活動令市場交易不公平，很多人都認為應該取締。

坐盤

坐盤，即主要莊家聯合幫莊控制股價升跌的活動。為成功收集及派發股票，藉"高沽低揸"賺取利潤，主要莊家會糾集幫莊聯手造市。為免出錯及暴露行動，幫莊角色需完全聽從主莊指示。主莊普遍持倉較重，所以他們會以坐盤角色策動莊家活動。不過，由於坐盤需投入巨資，所以一旦市況逆轉，他們亦將面對較大風險。

資歷較淺的散戶，或會積極追踪個別主莊的舉動，希望跟買股票而得以"搭其順風車"。但事實上，莊家坐盤就是為了將持倉趁高派予散戶，因此散戶實不易從中取利，一不小心，反而會招致損手。

縮盤

縮盤，即客戶取消原有的交易指示，改以較高價在大利市機內的沽家欄掛出限價沽盤(sell limit order)，或改以較低價在買家欄掛入限價買盤（buy limit order)。上述調動的目的，投資者無非為了賺取更多帳面利潤（或減低帳面虧損），惟礙於交易指示僅為限價盤，故投資者未必可如願於理想價買入或沽出股票。

縮盤若應用在莊家方面，屬造市伎倆之一。莊家之所以縮盤，原因通常有二：一是為了使沽家心怯，一是因本身實力不足與對手硬碰所致。

為了使沽家心怯，莊家會預先將大量限價買盤掛在沽家欄內，待時機成熟，始將該批限價買盤全數取消，而持貨沽家眼見需求驟降，便可能會將持倉賤價而沽。伎倆較高者，更會在限價買盤取消的瞬間，將極小量買盤越掛越低，以此掩眼法使沽家無信心持倉，寧以極低價的止蝕盤，將持倉盡快沽出套現。結果，幕後莊家便得以在旁坐收其利，以較低價買入心目中的股份。

另一縮盤原因，是由於莊家有感於本身沒有充足實力和對手硬碰，唯有即時取消已掛入的買盤(或沽盤)，直至對手攻勢放緩後，才以限價買盤或買盤於較低價掛入（或以限價沽盤或沽盤於較高價掛出)。

上述縮盤情況，通常在一些二、三線股或莊家股身上出現，為的是防止散戶“搭順風車”。若該股走勢全受供求關係影響，莊家的造市伎倆更會收事半功倍之效。

暗盤

顧名思義，暗盤是指大利市機外的股份買賣，這些買賣都是"不見光"（沒有曝光於大眾前）的場外交易。很多時，當新股尚未正式掛牌，股份大都以暗盤形式買賣。

以新股上市為例，凡公開發售的股數獲超額認購，有份申請認購新股者便需經過抽籤來決定能否認購及認購的股數多少。若個別機構投資者或投機者希望大額購入新股，在上述抽籤方式下，想必難以如願。為達到目的，他們會以暗盤形式，以議定時的暗盤價向賣方購入指定股價。若處牛市，市場求"貨"若渴，暗盤價可較招股價超出一倍以上。以1997年北京控股（0392）上市為例，當時該股的招股價為12.48元，但暗盤價較招股價超逾一倍以上；受暗盤價高企及貨源求過於供，結果該股上市當天即以40元開出，最後亦以40.2元報收。由此可見，暗盤價對新股走勢有若干程度的左右作用，部分散戶並會以此作新股掛牌當天走勢的指標。

若市場氣氛驟降，投資者認購新股的興趣大減，需求下降，此時切忌憧憬暗盤價可以高於招股價。另外，由於暗盤價未能全面反映市場需求，買賣盤透明度不高，故對以暗盤價買入的一方，亦會構成若干風險。

在暗盤買賣中，以暗盤價出售股份者，主要是相信新股上市後，股價會低於暗盤交易價，故趁高沽貨，賺取差額利潤。相反，買入者卻看好新股走勢表現，預計股價將高於暗盤價，故肯以較高價求貨。

收集／派發

收集及派發，屬莊家、大戶慣用伎倆，意指俟低買入股票及趁高沽出股票，而收集及派發是莊家、大戶在不同階段的造市手段。莊家、大戶大多傾向以不動聲色的限價買盤，收集心目中的股票，再趁股價隨大市升勢或其他利好消息而上升時，將持有股票趁高派發，把該股的帳面利潤套現。

莊家（或大戶）買貨及沽貨的舉動，何以稱為收集和派發？原因是：莊家買貨動輒以百萬元計，若於同日大手買入，其舉動或會打草驚蛇，引起同業或散戶注意，從而“搭順風車”，將股價推高。為免成本被拉高，莊家買入股票，大多傾向以壓價收貨、慢火煎魚等伎倆，分段將心目中的股票收集。

另外，莊家持倉數以百萬元計，股數則以“球”(即一百萬股)計，若打算在即日內將持有股數全數沽出套現，恐怕市場不能消化，沽盤可能未必全數獲承接。有見及此，為求持倉能全數脫手，莊家傾向待該股升到目標價後，逐步將持倉滲出派發。若大市氣氛佳，持有的股份又有炒作概念（如注資、重組、拆細、業務轉型成功等)，幕後莊家將無須急於沽貨套現，可待該股好消息出現時，越派越高。相反，若大市氣氛一般，持有股份的炒作概念平平，幕後莊家就會傾向在目標價水平刻意掛入限價買盤，營造市場需求的假象；在“托貨”期間，再逐步將持倉沽出。

綜合而言，莊家較普遍的造市步驟，不外乎是先以“震倉”或“壓貨”手法收集，期間以“震倉”杜絕“搭順風車”者，以“挾倉”擊退沽空者及刺激該股股價上升，再趁機派發套現，由散戶或行家接去股份。若該股走勢已是超買，甚至過分炒作，接走莊家派發股份者無疑是“接火棒”，隨時引火自焚，因該股短線或會出現大幅回吐，以至股價大瀉。因此，凡走勢已超買、升幅過巨、盈利一般或有派發跡象的股票，均宜退避三舍，以免得不償失。

嘜價

“嘜價”是莊家刻意營造某隻股票走勢理想的伎倆之一。“嘜”，即英文“Mark”一字。嘜價可以分為兩種，分別是刻意“嘜”高股價及“嘜”低股價，以達莊家獲利的目的。

通常莊家舞高股價，是為了吸引更多散戶跟風買入該股，個別莊家會以少數買盤來定高股價（即“嘜價”），以造成該股看似升勢理想。事實上，用作“嘜價”的股數愈少，顯示該股升勢將較難持續，因此個別炒家及散戶均會非常關注股票的升勢是否與成交量配合。如果莊家“嘜價”成功，營造出股價的人為升勢，在下一階段便會考慮用甚麼方法去派發股票，以達獲利的目的。

至於人為地把股價“嘜”低，通常是為了在期指市場獲利，這種情況常見於期指結算當日。因為在期指結算日，當月買賣的期指都需自動平倉，而期指結算價是以當日每五分鐘恆生指數計算，如果炒家沽空了大量期指，為了提高盈利或減少虧損，他們會在股票市場盡量把股價拉低，利用“嘜價”形式把恆指結算價降低，以達到獲利或降低虧損的目的。又或者，他們會在倫敦市場，以小量沽盤把股價拉低，造成港股開市之時恆指大幅下跌的現象，以便他們可以在低位平倉。

搭棚

“搭棚”是莊家操控市場的一種方法。若要了解何謂“搭棚”，必須先了解香港股票的買賣系統。一般股票的即市報價及資訊，均可從大利市機中獲得。在大利市機股票版面上，會顯示出買賣雙方的陣形，股票的買入價和賣出價，以及排隊買入賣出的股數及人數等。大利市機股票版面，內容十分豐富，投資者很容易便能獲知當時股市的買賣狀況，從而判斷市場的情況。

如果在買方欄中，有大量買盤排隊等待購入股票，可視為股價向上的一個先兆；相反，如果有大量沽盤顯示於賣出欄上，則代表股價有向下的壓力。投資者只要比較買盤及賣盤的數量及人數，便可判別股票後市的走勢。

當莊家想製造股價有上升的形勢，以嚇走沽家，他們除盡量掃走沽盤外，更會聯合幫莊在買家欄掛滿入盤，刻意營造該股看似強勢的印象。因為每間經紀行都會有一個四個數字的編號，而這個編號是會顯示在大利市機的買入欄和賣出欄上。如果只用單一經紀掃入正股，在買入欄便會排滿相同的經紀編號，容易令人察覺造市。因此，就需要幫莊，由不同的經紀，以不同經紀編號掛入買盤，營造四方八面有不同買盤買入該股。同樣地，莊家也會用相同的伎倆應付買家，即在賣出欄掛滿沽盤，以起阻嚇買家入市的作用。

交叉盤

Cross Trade

交叉盤，即同一間經紀行代買賣雙方進行交易，由於買方買入股票的數目，與賣方沽出股票的數目相同（不足者則在市場購入，而有餘者則在市場沽出），故兩方經紀可以交叉盤即時交易，而無須透過自動對盤系統買賣。

若要看經紀是否真的以交叉盤進行交易，投資者可在經紀以交叉盤進行買賣後，即時透過大利市機，看看成交紀錄欄上，相同的交易股數及價格是否有"X"符號出現在成交時間右邊。若有"X"符號，即表示該宗交易是以交叉盤買賣的。

莊家股

莊家股，泛指由莊家操控供求的股份。莊家操控個別股份，是希望賺“高沽低揸”所得差價的利潤。他們的手法，一般是在低位收集股份，然後在高位散貨。

莊家股走勢，大多較為波動，因莊家為求賺取更豐厚利潤，會時而震倉（大量沽售該股，壓低股價）或挾倉（刻意掃高該股股價）。由於莊家股波幅甚大，所以其不合理的升跌幅可以很驚人，投資風險極大。不過，亦有個別散戶特別喜歡莊家股暴升、暴跌的走勢，因若買中方向，隨時可以有可觀利潤。

然而，投資者須緊記，莊家收集貨源，是為了控制有關股份的供求關係，以便趁高派貨予散戶，而不是給予散戶賺錢機會，所以散戶須時刻小心。另外，莊家大都財雄勢大，甚至掌握有關股份的好、壞消息，準備擇時發放，擾亂視聽；故此，買賣莊家股時，宜作實質買賣，而不應以孖展方式買賣，同時要以短炒為主，“寧低吸、莫高追”，將自身的投資風險減至最小。

殼股

殼股，指一些公司經營不佳，甚至出現財務問題，資不抵債，但因它有上市地位，於是其他公司會藉收購其股份，以買殼形式上市。由於利淡因素甚多，該等股份的股價長期落後大市，交投量疏落；很多時直至有買殼傳聞，其股份才會被藉口炒作。

殼股內部問題多多，本不值得投資，但因這些公司有上市地位，而且股價低殘，一些公司若買入其股份，便能通過買殼方式上市，可謂既省時又省成本，故吸引不少公司覬覦，希望藉此爭取上市地位。

以往，曾有多間中資企業，為了能夠盡快在香港上市，而積極買入殼股，例如中信泰富的前身即為泰富發展；華創集團收購永達利，將業務重組後，便組成華潤創業；至於中國航天收購了康力投資，則易名為航天科技，作為其子公司。買殼上市的另一好處，是母公司無須把業務公開予公眾知道，收購或注資可隨時進行，不需向股民交代。藉買入殼股上市，母公司既可從市場集資，改善子公司業務，亦可保持高度的自主性。

很多時，買殼傳聞一出，該殼股走勢即會脱胎換骨，因市場傾向憧憬母公司將會買入殼股重組及改善其業務，甚至將相關的業務注入，這使股票身價較前上升。

炒買殼傳聞，一般步驟如下：如果個別低殘股票成交驟增，市場需求較前增加，便顯示該股有被收集跡象。當傳聞四起，該股股價便會飆升，因股民會爭相追買該股。此時，幕後人士就會趁機滲貨套現。一旦消息被確認，該股將出現較大調整（除非當時身處大牛市），因之前的股價升幅已把利好因素反映。認清以上步驟，投資者應該知道如何去買賣殼股。

狙擊手

Raider

狙擊手，指專門發掘具潛質股票或企業，並以收購手段去圖利的投資者。狙擊手的首要條件，是需獨具慧眼，能發掘具升值潛力的股票；其次是具備財務、投資等方面的知識，這樣才能以較低的價格購入心目中公司的股份。購入公司後，狙擊手將擔當“公司醫生”(或指派其他人擔當)，盡力清除公司的內在毛病，提高營運效率及競爭力。

隨着投資市場漸趨國際化，也有跨國機構狙擊香港的上市公司，而利率、匯率等亦在國際狙擊手狙擊的範圍內。

被狙擊的公司，一般的特徵是成交量不活躍、管理層質素下降、資產較豐厚、具市場知名度等。普遍來説，當公司被狙擊，大股東都會嚴陣以待，對抗敵意收購，以免江山斷送。一般做法，他們會率先提高持股量，或在市場購入，或向其他股東購買，而最穩健的做法是將持股量增加至50%或以上，以便控制董事局。另外，他們也可選擇邀請“白武士”(white knight)[註]相救，協助他們化解危機；“白武士”會提出善意的收購行動，藉以化解敵意收購的威脅。

～～～～～～～～～～

[註] “白武士”是第三者(另一間公司)，它受成為敵意收購目標的公司或企業邀請，協助對抗敵意收購。

熱錢

Hot Money

熱錢，或稱流資，即尋求短期回報的流動資金。既謂熱錢，正突顯該些資金流速極快。一旦機構投資者尋求到短線投資機會，一批熱錢將如泉湧入；及值搏率大降，這批熱錢將迅速流走。

熱錢的形成，全因國際性投資基金快速擴張，以及資訊科技發達所致。以資金極豐裕的歐、美、日基金為例，這些基金除涉足各地的股票及債券市場外，更會保留部分流動性資金作短期投資，以尋求回報率極佳的投資機會。配合高資訊科技，這些基金一旦發掘到投資機會，金額極大的熱錢將快速湧入當地市場。由於金額每每數以百億元計，熱錢將刺激匯價、利率（特別是隔夜拆息、一個月拆息等）上升。

有時，熱錢也會基於政治原因，而湧入某地的市場，不過這是個別情況，並不常見。

染紅

染紅，是泛指具背景的中資公司入股個別上市公司的行動，屬於一種形象化的叫法。凡被入股的公司，該公司的股份便稱作"被染紅"，若處牛市期間，染紅股份將有機會被藉口炒作，股價因而大幅上升。以1997年大牛市為例，期間染紅股份均被瘋狂追捧，股價上升一倍以上者比比皆是。因此，染紅股份的身價在牛市期間是不可同日而語。

染紅股份之所以較為吃香，有機會被藉口炒作，全因市場憧憬該股可藉染紅關係，較易在內地進行各項計劃，甚至獲入股公司注資。

不過，染紅股份能否真的"子憑母貴"，這將視各項因素是否配合，例如是否正處牛市或市場游資是否充裕，入股股權的比例多少，入股公司的政治背景如何，兩間公司是否將有業務往來或其他策略性合作，等等。若上述因素均有利於被入股的公司，染紅股份的股價不但會獲短暫刺激，其長線前景亦會因而被看高一線。

一般而言，染紅股份的股價受刺激的程度，會較入股的公司為高，因前者有機會"子憑母貴"。以一間市值約五億元的上市公司為例，若獲一間市值約二百億的中資公司入股，市場當會傾向憧憬前者業務將獲後者幫助，甚至有被注資的可能。

附　錄

- 中文名詞索引
- 英文名詞索引

中文名詞索引

七畫

八畫

九畫

十畫

十一畫

十二畫

十三畫

十四畫

十五畫

十六畫

十七畫

十八畫

十九畫

英文名詞索引

A

B

C

D

R

S

T

U

V

W

138股市導讀

林瑞芬 著

內容簡介

股市起落無常，並不容易準確預測。然而，作為投資者，至少要對股市的運作有所認知，一些投資基本概念固然要充分掌握，而左右股價的非基本因素也要了解，才能在波濤洶湧的股海中增加取勝的機會。

本書內容廣泛，共收138個股經詞彙，全方位地透視整個股市的運作。由各類指數及投資工具開始，到如何參與實戰買賣，均有詳細介紹；另外，又教大家怎樣分析公司的基本因素和動態，並闡釋各投資名家的理論精要；至於常見的市場術語，書中也為讀者逐一解讀。

如果你是準備於股海揚帆的投資者，本書相信是你手邊一本必備的工具書。